Roy Martina

www.god.com

www.god.com

Herzlich Willkommen auf Gottes Homepage

Ihr Führer durch den Cyberspace ist
Roy Michael Martina

Titel der Originalausgabe:
»www.god.com«, first printing 2000
Andromeda, Niederlande
Aus dem Englischen von Nayoma de Haën

 – 1. Auflage: Januar 2004
Lektorat: Delia Rösel
Umschlag: Chiaradina email:chiaradina@vienna.at

Gesamtherstellung: Karin Schnellbach
Druck: Bercker, Kevelaer
ISBN 3-936862-19-2

Inhalt

Widmung

Ich widme dieses Büchlein allen, die SUN unterstützen, Guus van Leeuwen sowie allen Freiwilligen, Sponsoren, Freunden und Mitgliedern.

Ich widme es auch meinen beiden Söhnen Sunray and Joey-Sky, diesen beiden Sonnen, (B)Engeln, Beratern und Freunden.

Und ich widme es Mary Ann Machado, die mich inspirierte, mein Herz zu öffnen, sowie meinen beiden karmischen Schwestern Rosa Moreschi und Patricia Martina.

Vorwort von Gott

Wer wartet hier auf ein Wunder?

Ich habe gehört, dass hier viele auf ein Wunder warten.
Das Wunder, dass Ich, euer Gott, die Welt erretten würde.
Wie könnte Ich euch ohne eure Hände retten?
Wie könnte Ich Gerechtigkeit walten lassen – ohne eure Stimmen?
Wie könnte Ich ohne eure Herzen lieben?
Seit dem siebten Tag habe Ich alles aus den Händen gegeben, Meine ganze Schöpfung und Meine ganze Wunderkraft.
Nicht ihr – ICH warte jetzt auf ein Wunder.

Gezeichnet: Gott

(Gefunden bei New Dimensions, Kees van Zijtveld)

Einleitung

Liebe Leser,

ich bin sehr religiös erzogen worden. Meine Eltern waren katholisch und wir Kinder mussten jeden Sonntag zum Gottesdienst und zum Bibelunterricht gehen. Auf diese Weise lernte ich einen strengen und strafenden Gott kennen.
Ich lernte, dass ich in Sünde geboren wurde und dass Jesus Christus um meinetwillen geopfert worden war. Ich fürchtete diesen Gott, denn ich schaffte es nie, seinen Erwartungen gerecht zu werden. Daher fühlte ich mich minderwertig. Ich versuchte es immer wieder, doch bei jeder Beichte musste ich erneut zugeben, dass ich es nicht schaffte und dass ich ein Sünder war. Ich machte so viele Fehler, es war einfach hoffnungslos.

Seit ich im Alter von sechzehn Jahren von zu Hause auszog, um woanders eine Ausbildung zu machen, ging ich nicht mehr in die Kirche.
Im Jahre 1976 hatte ich einen schweren Autounfall. Als ich mit zwei gebrochenen Halswirbeln vollständig gelähmt und an künstliche Beatmung angeschlossen auf der Intensivstation lag, fing ich wieder an zu beten. In der folgenden Nacht geschah etwas Merkwürdiges. Eine Frau (ich nahm an, dass es eine Nachtschwester war) kam an mein Bett und legte ihre Hand auf meine Stirn. Ich fiel in einen tiefen Schlaf. Zwei Tage später erwachte ich und meine beiden Wirbel waren geheilt. Ich konnte mich wieder bewegen und außer einer leichten Nackenzerrung gab es keine Ausfallerscheinungen im Nervensystem.
Nach fünf Tagen konnte ich das Krankenhaus verlassen. Die Ärzte hatten kei-

ne Ahnung, was geschehen war. Zu meiner großen Enttäuschung kannte niemand die Nachtschwester. Niemand hatte sie gesehen.
Nach diesem Unfall nahm mein Leben eine völlig andere Wendung als geplant. Der Unfall hatte es mir unmöglich gemacht, meinen Traumberuf des Chirurgen weiter zu verfolgen. Aus reiner Verzweiflung wurde ich Allgemeinmediziner. Nachdem ich ein Jahr in diesem Feld gearbeitet hatte, hielt ich es nicht mehr aus und beschloss, mich in alternativer Medizin weiter zu bilden.
Ich studierte zwei Jahre lang in Nijmegen Akupunktur, Homöopathie und Ernährungslehre. Danach eröffnete ich meine erste Praxis in Maastricht und später in fünf verschiedenen Ländern.
Auf der Suche nach der besten Therapie für meine Patienten studierte ich immer wei-

ter. Ich befasste mich mit vielen Heilverfahren, zum Beispiel Blütentherapie, Mörmann-Therapie, Neural-Therapie, Kristallheilungen, Hypnose, manuellen Therapien, Ohr-Akupunktur, Elektro-Akupunktur, koreanischer Akupunktur, japanischer Akupunktur, Iris-Diagnose, Reiki, Schamanismus, weißer Magie etc. Alles, was Sie sich denken können und mehr.

Ich erkannte schließlich, dass unser Wohlbefinden davon bestimmt wird, wie wir mit unseren Emotionen umgehen und was für ein Selbstbild wir in uns tragen.

Da ich mit den Methoden, die ich im Verlauf meiner Forschungsarbeiten entwickelte (NEI, E.B., INTEGRA) hart an mir selbst arbeitete, fand ich mich zunehmend auf dem spirituellen Weg wieder.

Immer mehr spürte ich die Führung durch Engel, Geistwesen (die sich Ko-Existierende nannten), wiederauferstandene Wesen und unzählige Intelligenzen. Ich erkannte, dass wir alle miteinander verbunden sind, dass wir alle EINS sind und uns gegenseitig beeinflussen.

Durch alle möglichen »Zufälle« entdeckte ich, dass ich mit meinen geistigen Führern, mit den Engeln und Gott direkt kommunizieren konnte. Zunächst erschreckte mich das, denn ich fürchtete mich vor dem Unsichtbaren und all dem, was sich außerhalb der Reichweite unserer fünf Sinne befindet.

Doch seitdem ich es mehr und mehr akzeptiere, fließt mein Leben müheloser und ich bin glücklicher denn je. Ich habe so viel alten Ballast abgeworfen, dass ich mich manchmal so leicht fühle, als würde ich auf Wolken gehen.

Dieses Büchlein entstand aus einer Reihe von Ereignissen, die teilweise bereits in meinem Buch »Emotionale Balance« veröffentlicht wurden. Dies hier ist die vollständige Geschichte und der wesentliche Teil davon stammt aus dem Cyberspace.

Ich hoffe, dass Sie beim Lesen genauso viel Vergnügen haben wie ich beim Schreiben. Falls Sie mich im Cyberspace besuchen möchten, ist das jederzeit möglich. Ob im Schlafen oder Wachen, Sie finden mich immer unter

www.roymartina.com

Jede Nacht verlasse ich meinen Körper und spiele mit Millionen von Kindern und Erwachsenen in Gottes Garten. Er ist leicht zu finden, folgen Sie auf der Astralebene einfach den gelben Wegweisern zu »Gottes Spielwiese«. Sie können sie nicht verfehlen.

Roy Martina

Eröffnungsgebet

Herr,
Mache mich zum Werkzeug Deines Friedens:
Dass ich Liebe bringe, wo man sich hasst,
Dass ich Versöhnung bringe,
wo man sich kränkt,
Dass ich Einigkeit bringe, wo Zwietracht ist,
Dass ich den Glauben bringe,
wo Zweifel quält,
Dass ich die Hoffnung bringe, wo
Verzweiflung droht,
Dass ich die Freude bringe,
wo Traurigkeit ist,
Dass ich das Licht bringe, wo Finsternis
waltet.

O mein Gott,
Hilf mir, dass ich danach verlange
zu trösten, statt getröstet zu werden,
zu verstehen, statt verstanden zu werden,
zu lieben, statt geliebt zu werden.
Denn:
Wer gibt, der empfängt,
Wer verzeiht, dem wird verziehen,
Wer stirbt, der wird zum Ewigen Leben
geboren.

(Dem Heiligen Franziskus von Assisi
zugeschrieben)

Willkommen auf Gottes Homepage

Angenommen, Gott hätte eine Website:

www.gott.com

Welche Suchbegriffe würden Sie eingeben, um dorthin zu gelangen?
Mir fallen dazu ein:

- Universelle Liebe
- Bedingungslose Liebe
- Mitgefühl
- Vergebung
- Himmel
- Frieden
- Harmonie

- Inspiration
- Wahrheit
- Aufrichtigkeit
- JETZT
- Achtsamkeit
- Unendlichkeit
- Erleuchtung

Was fällt Ihnen sonst noch ein? Vielleicht:

- Führung
- Engel
- Geborgenheit
- Ursprung
- Leben
- Urknall
- Alles Liebe
- Die Welt

Lassen Sie sich noch ein paar mehr Begriffe einfallen.

Stellen wir uns vor, wir hätten uns auf dieser Website eingeloggt.
Was könnten wir auf Gottes Homepage finden?

Startseite

Herzlich Willkommen
bei Gott,
dem Ursprung von allem,
was ist,
war und sein wird.

Ich habe eine gute Nachricht für euch: Diese Website wird euch auf einfache, doch tiefgründige Art dahin leiten, euch selbst effektiver zu vergeben und euch zu gestatten, euch in Meinem Netzwerk **der Liebe,** des Friedens, der Harmonie und des Mitgefühls angenommen zu fühlen. Wenn ihr den Leitlinien folgt, könnt ihr das Spiel meistern, das Ich Mir ausgedacht habe und das ihr Leben nennt.

Das Spiel: LEBEN

Wie bei jedem Spiel heißt es die Spielregeln zu kennen und anzuerkennen. Du kannst kein Pokerspiel nach den Regeln von Rommee spielen. Versuchst du es, so bist du nur verwirrt und desorientiert. Ist das nicht euer normaler Zustand? Lies also die Spielregeln gründlich und prüfe, ob du nach diesen Regeln gespielt hast. Du wirst beim weiteren Lesen zu jedem Kapitel Übungen finden und jeder, der diese Übungen mitmacht, hat am Ende Meiner Homepage eine große Transformation durchlaufen. Sein Bewusstsein wird nicht mehr dasselbe sein.

Die Spielregeln

Die Spielregeln sind einfach:

- ➢ Es gibt weder gut noch böse. Du kannst dich nicht verlaufen.

- ➢ Es gibt keine Sünde, Sünde ist Illusion.

- ➢ Du bist nicht dein Körper, dir kann nichts Böses angetan werden, du kannst weder beleidigt noch verletzt, abgewiesen, enttäuscht oder nicht geliebt werden. Du kannst nicht sterben, weil du unsterblich bist. Das Einzige, was stirbt sind deine Überzeugungen, Glaubensmuster, Gedanken und Konzepte.

- Du wurdest nie geboren, doch du hast dich entschieden, das Menschsein zu erfahren, zu verstehen, wer du wirklich bist. Indem du aussortierst, was du nicht bist, wirst du etwas über dein wahres Sein erfahren.

- Du bist für deine Taten und Gedanken verantwortlich und auch für das, wie du auf die Taten und Gedanken der anderen reagierst. Du kannst in diesem Spiel **keine Fehler** machen, du kannst dir nur bewusst werden, wer du bist. Wenn du dir deiner selbst nicht bewusst bist, wirst du Umstände erschaffen, die dir dabei helfen, dir deiner selbst bewusst zu werden. Du wirst Gefühle der Zurückweisung, Einsamkeit, Angst, Sorge,

Verunsicherung, Erstarrung und mehr erfahren, um dich daran zu erinnern, dass du dir deiner selbst noch nicht bewusst bist. Die Menschen in deiner Umgebung werden dir deine Unbewusstheit vorwerfen, genauso wie du ihnen die ihre vorwirfst.

➢ Du wirst andere **verurteilen** und von ihnen verurteilt werden. Damit beweist ihr euch gegenseitig eure Bewusstseinsebene. Die wirkungsvollsten Instrumente, die Ich euch mitgab, um euch daran zu erinnern, dass ihr unbewusst seid, sind die Illusionen der **Schuld** und der Scham. Ihr werdet diese Instrumente häufig gebrauchen, bis ihr entdeckt, dass sie Produkte eurer eigenen Phantasie sind. Ihr projiziert eure Ängste und Schuldgefühle auf andere und glaubt, dass Ich euch bestrafen und in die Hölle schicken werde. Das ist der absolute Beweis für eure Unwissenheit, denn Meine **Liebe** für euch ist genauso groß wie die Liebe, die Ich Mir selbst zukommen lasse und Ich weise Mich selbst nicht zurück!

➢ Eure Gedanken und unverarbeiteten Gefühle sind eure schlimmsten Feinde.

Keine Fehler

Wie wäre es, wenn du wüsstest, dass du keine Fehler machen kannst?

Notizen:
Schreib ein paar Sätze dazu auf. Diese Übung ist sehr wichtig. Lies also nicht weiter, sondern schreib, denn du weißt ja, dass Ich alles sehe und weiß und dass du nur dich selbst austricksen kannst.

Vertiefende Gedanken dazu:
Schau dir die Situationen in deinem Leben an, von denen du meinst, du hättest falsch entschieden oder falsch gehandelt oder – noch schmerzvoller – nicht gehandelt. Schreib es auf.
Ruf dir nun noch einmal die Spielregel, dass es keine Fehler gibt, ins Bewusstsein und akzeptiere sie. Schau dir unter dieser

Voraussetzung die jeweilige Situation an und finde zumindest *ein* Gutes, was sich daraus ergeben hat, vielleicht hast du etwas gelernt, einen wichtigen Impuls erhalten, bist dadurch reifer geworden.

Beantworte die folgenden Fragen:

1. Woher weiß ich mit hundertprozentiger Sicherheit, dass hier etwas falsch gelaufen ist und ich diese Situation nicht selbst erschaffen habe, um etwas zu lernen?
2. Was habe ich davon weiter an dieser Überzeugung: »Es war ein Fehler« festzuhalten? Was gewinne ich dadurch?
3. Was würde geschehen, wenn ich die Haltung annähme, dass dies nur geschehen ist, damit ich etwas in mir selbst heilen kann? Wie stellt sich mir die Situation dann dar?

4. Welcher Teil von mir muss etwas lernen oder welche Überzeugung muss ich loslassen, um zu dieser neuen Haltung zu gelangen?

Schuld und Anschuldigungen

Eine wichtige Regel besagt, dass Angst die stärkste Kraft ist, die dich von deiner Bewusstheit abhält, dicht gefolgt von Selbstbeschuldigungen für deine Gefühle und die Situationen, in die du dich gebracht hast.
Nichts ist falsch, jede Situation ist wunderbar für dich und deine Entwicklung geeignet.
In diesem Spiel des Lebens kannst du dein Leben nicht verlieren, denn du bist unsterblich.
Nichts geschieht zufällig. Alles verläuft nach Plan.

Alles, was du wahrnimmst, ist ein Produkt deiner Überzeugungen und deines Glaubens.
Die meisten Dinge, von denen du überzeugt bist, beruhen auf den Gedanken und Ideen anderer über ihre Vergangenheit.
Der Rest entsteht aus deinen eigenen Erfahrungen. Du bist für deine Taten so schuldig wie ein Schlafwandler, denn du bist dir nicht bewusst, wer du bist.
Du schlafwandelst und glaubst an deine Träume.
Du musst erwachen und lernen, mit dir selbst zu leben. All deine negativen Gefühle beruhen auf unbewussten Gefühlen von Schuld und Scham.
Du befürchtest, ungenügend und hässlich zu sein. Schuld und Scham leugnen die Tatsache, dass du ein Teil der Schönheit des einzigen Gottes bist, ein Teil von Mir.
Du kannst nicht erwachen, wenn du dir

nicht deine Schuldgefühle vergibst. Du bist dein eigener Richter, doch du solltest auch dein eigener Anwalt werden und dich von deiner Unbewusstheit befreien. Du bist ein Adler, der träumt, er wäre ein Huhn und das Huhn sträubt sich dagegen, aufzuwachen.
Du selbst bist dein ärgster Feind, weil du dich für wertlos hältst und glaubst, dass du für deine Taten Bestrafung verdienst.
Dein wahres Karma ist jedoch deine Unwissenheit. Wenn du bewusst wirst, verschwindet die Vergangenheit sofort. Du wirst erleuchtet sein und deinen Schatten (deine menschliche Seite) annehmen. Wenn du deine menschliche Seite ablehnst, verdammst du dich selbst und andere und überschattest damit alles, was du erreichst. Indem du deinen Schatten liebst und akzeptierst, wirst du zu einem wahren Menschen und dein Geist kann sich ins Licht erheben.

Notizen:
Schreib alle negativen Überzeugungen und Glaubensmuster auf, die du in Bezug auf dich selbst und in Bezug auf Mich (Gott) hast und auch wie du Mich siehst.
Welche Aspekte von dir willst du nicht sehen?
Wovor hast du Angst?
Warum glaubst du, nicht gut genug zu sein?

Die Opferstruktur festhalten

Alle deine Erfahrungen sind darauf angelegt, dir dein inneres Erleben bewusster zu machen.
Akzeptiere deine einschränkenden Gedanken und Erfahrungen und versuche nicht, sie zu verändern. Beobachte alle, liebe sie und lasse sie los. Akzeptanz ist der erste

Schritt zur Heilung, du bist vollkommen in Ordnung, alles ist so, wie es sein soll. Du bist in einer graduellen Entwicklung begriffen und alles verläuft nach Plan.
Jeder Schmerz und jeder Fehler macht dich nur auf einen Teil von dir aufmerksam, der wahrgenommen werden will und Heilung braucht. Jeder Fehler, den du machst, (obwohl du natürlich keine Fehler machen kannst – Ich benütze hier eure übliche Ausdrucksweise), ist eine Gelegenheit, etwas über dich selbst zu lernen, es zu schätzen und dankbar für die Lektion zu sein.
Lass das Verdrängen und werde eins mit deinen Gefühlen. Gib deiner Seele Gelegenheit, offen mit dir zu sprechen, indem du deine Gefühle anerkennst und beachtest. Dann werden sie sich um sich selbst kümmern. Wenn du dich als Opfer fühlst, beruht das auf alten Vorstellungen. Akzeptiere, dass du diese Gefühle dazu benutzt,

dich selbst und andere zu manipulieren, um Liebe und Aufmerksamkeit zu erhalten. Du brauchst dieses Instrument nicht, denn es verschafft dir nur das Gegenteil von dem, was du willst, indem es zu der Empfindung führt, dass du nicht liebenswert bist. Liebe die verwundeten Teile deiner selbst, heile sie und du wirst dich besser und vollständiger fühlen.

Bist du ein Opfer? Wenn ja, dann hast du nicht erkannt, warum du Schwierigkeiten oder Leiden in dein Leben gezogen hast. Die Gefahr besteht dann, dass du es weiter tun wirst, entweder in der Realität oder in deinem Geist. Dein Geist unterscheidet nicht zwischen physischer Wirklichkeit und emotionaler Wirklichkeit.
Wenn du dich an vergangene Situationen und Erlebnisse klammerst, durchlebst du etwas immer und immer wieder.

Kannst du diese Opferhaltung in ein Siegesbewusstsein verwandeln? Schau auf das Gute an der Situation oder Erfahrung oder betrachte deine Angst noch einmal ganz genau, dann kannst du den Teil in dir heilen, der diese Situation angezogen hat.
Der Heilungsprozess beginnt, indem du diesen Teil von dir liebst.

Notizen:
Welche Art von Erfahrung hat in dir dieses Opfergefühl ausgelöst?
Wann hast du andere für etwas beschuldigt, was dir widerfahren ist?
Was kannst du heute tun, um das zu heilen und loszulassen?
Wie kannst du das Ganze als eine Lektion betrachten, die hilfreich und gut für dich war?

Verurteilen, absolute Wahrheit

Du kannst einen anderen nur verurteilen, wenn du dir deiner selbst nicht bewusst bist. Jede Verurteilung beruht auf Angst, denn sie trennt dich von der Quelle. Fehler zu machen ist nicht verkehrt. Es mindert weder deinen Wert noch vermisst du deswegen irgendetwas. Nur wenn du glaubst, dass dir jemand etwas nehmen kann, was du brauchst, vermisst du es und verurteilst dann den Vorgang. Nichts kann versehentlich genommen werden, da es Liebe in Fülle gibt. Liebe ist für jeden da, auch wenn ihr das manchmal vergesst. Vollkommenheit besteht darin, Liebe zum Ausdruck zu bringen, ohne zu verurteilen oder jemanden verletzen zu wollen.

Die Wahrheit kann heilen, solange du dir bewusst bist, dass es deine Wahrheit ist. Was für dich wahr ist, muss für einen anderen noch lange nicht wahr sein. Sei dir außerdem bewusst, dass Veränderung und Wandlung unvermeidbar sind. Was für dich in diesem Augenblick wahr ist, kann also im nächsten Moment etwas völlig anderes bedeuten.

Notizen:
Was war einmal für dich wahr und ist es nicht mehr?
Wen hast du in der Vergangenheit verurteilt, um dann später herauszufinden, dass dein Urteil auf einer unvollständigen Kenntnis der Umstände beruhte?

Angst vor Wertlosigkeit

Deine Seele ist der Teil von dir, der Heilung benötigt. Sie wurde durch vergangene Erfahrungen, die dir nicht mehr dienlich sind, verwundet. Die größte Befürchtung deiner Seele ist: »Was, wenn all dies nicht wahr ist und Gott mich nicht liebt? Was, wenn ich all dessen nicht würdig bin? Wenn ich nicht gut genug bin? Was, wenn ich Gottes Erwartungen nicht erfüllen kann? Was, wenn ich wirklich schlecht bin? Was, wenn ich nicht schlau genug bin? Was, wenn… «

All diese Fragen sind Produkte der Angst und du musst dich von ihnen befreien, indem du sie akzeptierst und den Teil von dir liebst, der voller Angst ist. Verdränge diese Gedanken nicht, sondern erkenne sie an! Im Folgenden zeige Ich dir einen Weg, wie du das tun kannst, das wird deine Heilung enorm beschleunigen. Tu dies vier Wochen lang mindestens zweimal am Tag und du wirst eine große innere Transformation erfahren. Je öfter du dies tust, desto besser.

Du kannst es auch länger als vier Wochen tun, solange du willst.

Notizen:
Stell dich zwei Mal am Tag vor einen Spiegel, schau dir gerade in die Augen und massiere mit einer Hand die Akupressurpunkte für Angst auf beiden Seiten des Brustbeins unterhalb des Schlüsselbeins (siehe Abbildung).
Sprich dabei laut folgende Worte:

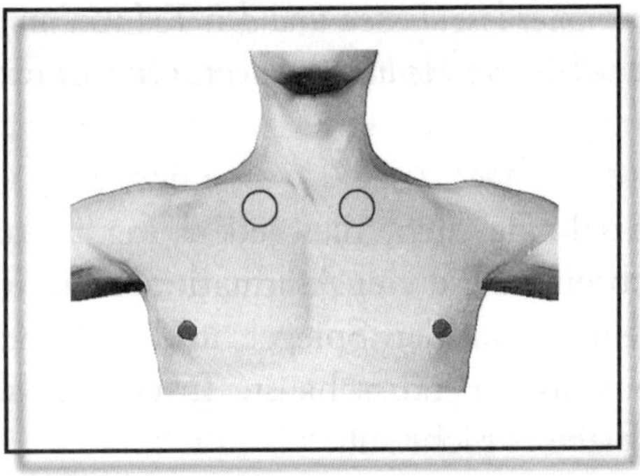

»Ich akzeptiere mich und liebe mich sehr, auch mit meiner Angst, der Liebe Gottes nicht würdig zu sein. Jetzt und immerdar.
Ich akzeptiere und liebe meine Angst nichts wert zu sein und ich habe den Mut sie jetzt loszulassen.
Ich akzeptiere und liebe mich, sogar wenn ich mich wertlos oder ungeliebt, abgelehnt oder verletzt fühle.
Ich akzeptiere und liebe mich, selbst wenn diese Angst niemals aufhört. Und ich erlaube meiner Seele, diese Angst vollständig und für immer loszulassen und den Teil von mir zu heilen, der Heilung braucht. Gott sei mit mir.«

Entscheide dich, dies jeden Tag zu tun. Schreibe diese vier Affirmationen auf und klebe sie auf den Spiegel, in den du morgens und abends schaust. Tu es jetzt und schiebe es nicht auf.

Selbstakzeptanz

Dies ist die Grundlage für emotionale Heilung. Es geht nicht um Furchtlosigkeit, sondern um Selbstakzeptanz und angstfreie Selbstliebe. Du musst auch all die Teile von dir lieben, die die Angst brauchen.

Du kannst diese Affirmationen auch deiner Person entsprechend abändern, zum Beispiel:

»Ich akzeptiere mich und liebe mich sehr,
auch mit der Frustration, die aus meiner
Angst stammt, nicht gut genug zu sein.«

Du kannst es nicht verkehrt machen. Du kannst nichts tun oder sagen, was die Sache verschlimmern würde. Beende die Sätze immer mit folgender Affirmation und massiere dabei die Akupressurpunkte für Angst:

»Ich akzeptiere und liebe mich bedingungslos und ich bin der bedingungslosen Liebe Gottes vollkommen würdig, jetzt und immerdar.«

Notizen:

Schreibe diese Affirmationen auf ein weiteres Blatt Papier und trage es immer bei dir. Wann immer du dich gereizt, frustriert, verärgert oder besorgt fühlst und erkennst, dass diese Gefühle aus dir selbst stammen, kannst du diese Worte sprechen und dabei die Akupressurpunkte massieren.

Trage diese Affirmationen so lange bei dir, bis sie zu einem Teil von dir geworden sind und du das Papier nicht mehr brauchst.

Urteile über andere

Wenn du erst einmal vom Selbstverurteilen zum Akzeptieren übergegangen bist, öffnet sich dein Herz für Mitgefühl. Alles beginnt mit Liebe. Höre also auf, dich selbst zu verurteilen und lerne, dich vollständig zu akzeptieren. Am Anfang ist dies unmöglich, je mehr du versuchst, nicht zu verurteilen, desto mehr wirst du dich selbst und andere verurteilen und dich vielleicht noch schuldiger fühlen. Den Durchbruch erzielst du, indem du das Verurteilen in dir akzeptierst und es dir vergibst. Beobachte einfach den Teil von dir, der das noch braucht. Akzeptiere ihn und liebe ihn. Danke ihm für seine gute Absicht.

Nachdem du mit deinen Urteilen über dich selbst Frieden geschlossen hast, wende dich nun deinen Urteilen über andere zu.

Notizen:
Liste mindestens drei Personen auf, die du sehr verurteilst oder die du nicht magst, die dir auf die Nerven gehen oder die du für arrogant, pedantisch, engstirnig oder dergleichen hältst.

Liste drei Eigenschaften jeder dieser Personen auf, die dich besonders reizen. Sei schonungslos ehrlich dabei, außer dir und Mir sieht es keiner, trau dich.
Welche davon ärgert dich besonders? Und welche kommt an zweiter und dritter Stelle?

Und nun strecke deinen Zeigefinger aus, als würdest du auf die andere Person deuten wollen – merkst du, dabei zeigen drei Finger auf dich zurück. Wisse von nun an, dass dein Urteil über andere auch etwas über dich selbst aussagt. Wenn du jeman-

den verurteilst, kannst du dich also von nun an fragen: Welchen Teil von mir kann ich jetzt heilen?
Die drei Eigenschaften, die du besonders abgelehnt hast, das sind die, die du in dir selbst unterdrückst, von denen du in dir nichts wissen willst oder die du dir nicht gestattest. Vielleicht liegt das an deiner Erziehung. Gehe in der Zeit zurück und beobachte, wo sie ihren Anfang haben. Was hat dies verursacht? Wer hat es dir beigebracht?

Akzeptiere, dass du auch diese Wesenszüge in dir trägst. Der Mensch hat alles in sich, alles Gute und auch das, was wir als nicht so gut betrachten. Wenn du das nicht akzeptierst, unterdrückst du es in dir. Du kannst also sagen: »Ich bin auch voreingenommen« oder »Ich bin auch eine Nervensäge« oder »Ich rede auch manchmal zuviel«. Was immer dich an einem anderen aufregt ist ein Teil von dir, den du vielleicht so stark unterdrückst, dass du ihn nicht mehr erkennst. Das Lügen ist ein gutes Beispiel. Vielleicht glaubst du, dass du nie lügst. Doch irgendwann in der Vergangenheit hast du es getan (vergiss nicht, dass Ich allwissend bin). Du leugnest es, weil du dich schuldig fühltest. Jetzt ist der Augenblick gekommen, in dem du erkennen kannst, wie du dir immer noch selbst etwas vormachst. Zum Beispiel, indem du dich selbst nicht bedingungslos liebst oder indem du an negativen Überzeugungen festhältst. Es ist wichtig, dass du erkennst, dass du alles bereits in dir trägst.

Notizen:
Schreibe drei Charakterzüge auf, die du in dir unterdrückst.

Selbstliebe und Vergebung

Wenn du aus der Illusion der bedingten Liebe erwachst und dich selbst bedingungslos liebst, wirst du entdecken, dass du andere anziehst, die das Gleiche tun. Je stärker du die Affirmationen für dich selbst werden lässt, desto weniger bedürftig bist du. Du wirst unabhängiger, kannst dich selbst mehr lieben und anderen freizügiger geben. Du wirst weniger dominant und machst andere nicht von deiner Liebe und Bestätigung abhängig. Du merkst, wie die universelle Liebe in dir wächst und du beginnst Mich, Gott, in jedem zu erkennen.
Du bist nicht getrennt von allem, sondern du durchläufst deine eigene maßgeschneiderte Erfahrung von allem. Du gestaltest dir deine Erfahrungen nach deinen Wünschen und definierst dich so selbst. Wenn dir nicht gefällt, was du so erzeugst, steht es

dir immer frei, es so lange zu verändern, bis du genau weißt, wie du es haben möchtest. Während du so wächst, wird sich auch dein Geschmack verändern. Du wirst ökologischer und spiritueller leben wollen. Du kannst erschaffen, was du willst, aber wenn du dich selbst nicht liebst, wirst du mit dem von dir Erschaffenen nicht glücklich sein.
Was du für andere empfindest ist ein Spiegel dessen, was du für dich selbst empfindest. Indem du deine Liebe für andere zurückhältst, hinderst du einen Teil von dir zu heilen.
Wenn du deine Liebe zulässt, kreierst du die Chance zur Heilung.
Wenn wir um Vergebung bitten, übernehmen wir die Verantwortung für unser Befinden und unser Handeln wieder selbst.

Notizen:
Wen hast du aus deinem Leben und deiner

Liebe verbannt, weil du dich verletzt, abgelehnt oder ähnliches gefühlt hast?
Welche negativen Gedanken projizierst du auf diesen Menschen? Es bedeutet, dass es da noch einen Teil von dir gibt, der Heilung braucht.
Entscheide dich jetzt dafür, diesem Menschen zu vergeben und bete, dass ihm oder ihr nur noch Gutes widerfahren möge. Alles, was du anderen wünschst, fließt zu dir zurück.

Vergebung

Verteidige dich nicht, wenn du dich angegriffen fühlst, sondern werde verteidigungslos und spüre den Schmerz der anderen. Gib ihnen Liebe und Mitgefühl, triff deine Entscheidungen vom Herzen her und erinnere dich daran, dass sie auf die einzige ihnen bekannte Art um Liebe bitten. Verwende die Gabe der Vergebung möglichst oft. Jedesmal, wenn du vergibst, durchbrichst du eine karmische Kette und erfährst Meine göttliche Herrlichkeit.

Vergebung ist eine Gabe,
die sich selbst immer weiter vervielfältigt

Vergebung ist eine Verbindung mit der Quelle bedingungsloser Liebe. Sie ist die Mutter aller Heilung, der Strahl, der deine Aufmerksamkeit wieder zu Mir zurückführt. Sie erinnert dich daran, dass andere dir nichts anhaben können, dass dein Schmerz Heilung braucht und dass du vergibst, um dich selbst zu heilen. Vergebung ist die stärkste Medizin, um emotionale Balance zu erzielen, die wiederum zu spiritueller Intelligenz führt. Sie macht dein Herz rein und heilt deine Seele. Vergib dir selbst jeden Tag und vor allem jenen, von denen du glaubst, dass sie dich verletzt hätten.

Notizen:
Wem musst du noch vergeben? Schreibe die Namen jetzt auf, damit du ihnen jeden Tag vergeben und für sie und dich selbst beten kannst.

Geben

Geben ist eine der wichtigsten Übungen, um die Seele zu reinigen.
Ihr seid alle Brüder und Schwestern und sollt einander so behandeln, wie ihr selbst behandelt werden wollt. Wer im Wohlstand lebt und ihn nicht mit anderen teilt, der bestätigt nur seine Behinderungen und seinen Mangel an Bewusstheit. Dies zu erkennen

und demgemäß zu handeln ist ein Ausdruck von Spiritualität.
Du kannst deine Wunschwelt erschaffen, indem du erkennst, dass nichts an dir oder sonst irgendjemandem verkehrt ist. Deine Ängste stammen aus deiner Gewohnheit, zwischen gut und böse zu polarisieren. Ihr bestraft schlechte Menschen, statt ihnen bei ihrer Heilung zu helfen, statt sie zu lieben und ihnen beizubringen, wie sie lieben können. Nachdem ihr ihnen klargemacht habt, dass sie wertloser Abschaum sind, lasst ihr sie wieder frei und erwartet, dass sie sich anders verhalten. Diese Gleichung geht nicht auf. Ihr behaltet diejenigen zwar im Auge und solange sie so tun, als wären sie geheilt und sich an die Regeln halten, meint ihr, alles wäre wieder in Ordnung. Doch das ist lächerlich, denn ihr habt sie eigentlich nur in dem bestätigt, was sie schon wussten. Die meisten von ihnen werden wieder im

Gefängnis landen, denn sie sitzen bereits in ihrem eigenen Gefängnis, weil sie sich nicht für liebenswert halten. Die Lösung liegt nicht in weiteren Polizisten und mehr Gefängnissen. Ihr müsst euch stattdessen dafür einsetzen, die Ursache dieser Krankheit in der Gesellschaft zu heilen.

Ihr müsst Gleichstellung durch Liebe und Mitgefühl erschaffen.

Ihr gebt von eurer Liebe und eurem Mitgefühl, indem ihr euren Wohlstand mit jenen teilt, die unter einschränkenden Umständen geboren wurden.

Nach Anschuldigungen und Verurteilungen ist die Unwissenheit euer größter Feind. Wenn ihr den Bedürftigen gebt, durchschneidet ihr eure karmischen Ketten und erkennt, worum es im Leben eigentlich geht. Wer glaubt, dass Bedürftigkeit eine Strafe für negatives Karma sei, erzeugt selbst negatives Karma und beraubt

sich der Gelegenheit zur Heilung seiner selbst und des Planeten.
Wenn du Zeit übrig hast, kannst du eine freiwillige Hilfeleistung übernehmen.
Nach dem Vergeben ist das Geben die stärkste Heilkraft des Universums – und eigentlich sind beide ein und dasselbe.
Der schlimmste Verrat ist die Selbstverleugnung, selbst wenn sie geschieht, um andere zu schonen.
Du solltest immer dich selbst zuerst lieben und alles ohne Schuldgefühle tun. Tu nichts, nur um Strafe abzuwenden.
Alles, was du für jemanden anderes tust oder deinem Nächsten gibst, gibst du Mir und wird dir zu gegebener Zeit zurückgegeben werden.
Vielleicht erhältst du es in anderer Form und von einem anderen Menschen zurück.
Gib nie mit der Erwartung dafür etwas zu bekommen, betrachte dein Gegenüber im-

mer als einen Teil von Mir und gib großzügig. Alles, was du so gibst, wird mit Zins und Zinseszins zu dir zurückfließen.
Geben heißt vervielfältigen, es ist das größte Geschenk, es ist dein Geschenk an dich selbst, denn alles im Leben dreht sich um das Geben. Also vergiss nicht, auch dir selbst zu geben. Der Gewinn dieses Geschenks liegt in dem Bewusstsein, dass du Gott gibst, selbst wenn du etwas für dich selbst tust. Eine schöne Geste ist es, zehn Prozent deines Einkommens wohltätigen Zwecken oder Zielen, die in Einklang mit deiner spirituellen Entwicklung stehen, zukommen zu lassen.
Gib ohne Bedenken, denn es wird vielfach zu dir zurückkommen.

Notizen:
Welchen Stellenwert hat das Geben in deinem Leben?

Wie leicht ist es für dich, zu geben?
Aus welchen Motiven heraus gibst du? Gibst du nur, weil die anderen dich mögen sollen? Gibst du bedingungslos, kannst du bedingungslos geben? Gibst du weiterhin, auch wenn dein Gegenüber immer mehr nimmt?
Auf welche Weise kannst du geben? Was kannst du in Zukunft besser oder anders machen?

Übungen zum Geben

Heilung durch universelle Liebe

Liebe ist das stärkste Heilmittel, das Ich euch gegeben habe. Nichts ist wirksamer als Liebe. Das Geheimnis besteht darin, universelle Liebe an alle weiterzugeben. Universell bedeutet, deine Liebe an all Meine Kinder weiterzugeben. Dadurch eröffnest du dir ein neues Bewusstsein für das Leben.

- ➢ Der erste Schritt besteht darin, deine Liebe bekannt zu geben: Wähle deine Worte sorgsam und sprich sie mit der rechten Betonung. Beziehe deine Haltung, deinen Blick und deinen Gesichtsausdruck mit ein, um dein inneres Empfinden mitzuteilen. Empfinde diese Liebe von tiefstem Herzensgrunde.
  Wenn du anfängst, dich darauf zu konzentrieren, universelle Liebe zum Ausdruck zu bringen, wirst du bemerken, wie alle darauf reagieren.

- ➢ Zeige Interesse an anderen, achte sie, sei freundlich und mitfühlend. Tu Dinge, die keiner von dir erwartet. Kauf hundert schöne Postkarten und schick jede Woche ein paar davon an Menschen, deren Herzen du berühren möchtest. Bring Familienmitgliedern Blumen mit, ruf Menschen an, mit denen du schon seit langem nicht mehr gesprochen hast und sage ihnen, dass du sie immer noch im Herzen trägst. Denke an Menschen, die du hast langsam aus deinem Leben verschwinden lassen, denk an sie, nicht um ihre Liebe zu gewinnen, sondern um universelle Liebe zu üben. Achte auf die Menschen, die dir untergeben sind, finde etwas, das du an jedem von ihnen schätzt und teile es ihnen mit. Versichere dich, dass es ihnen gut geht, ohne besonderen Grund und ohne Erwartung einer Gegenleistung. Sage deinem Partner oder deiner Partnerin, dass du sie/ihn liebst und sage es auch deinen Kindern und Eltern. Zeige deinen Kollegen, den Menschen, mit denen oder für die du arbeitest, dass sie dir wichtig sind. Lass dies zu deiner täglichen Gewohnheit werden.

Notizen:
Liste alle Menschen auf, die aus deinem Leben verschwunden sind und denen du noch eine Postkarte oder einen Anruf zukommen lassen kannst. Liste auch all die Menschen auf, denen du sagen möchtest, dass du sie liebst. Und lege eine Liste derjenigen an, die du in deinem Leben schätzt und denen du es mehr zeigen könntest.
Tu ab und zu etwas Besonderes. Lächle öfter mal und schau den Menschen in die Augen, erfreue dich an ihnen und lass sie wissen, dass du schätzt, was sie tun. Wenn du möchtest, dass sie etwas anders tun, so teile ihnen zuerst mit, was sie richtig tun und dann erst, was sie deiner Meinung nach verbessern könnten. Sprich darüber nur kurz, verurteile und kritisiere dabei

nicht, so dass nichts zwischen euch steht. Beende das Gespräch dann mit einer positiven Aussage oder etwas Ermutigendem. Sei jedem gegenüber freundlich und respektvoll, selbst wenn die anderen sich zu dir anders verhalten. Beginne heute damit, und wenn du nicht gleich Erfolg damit hast, fang einfach immer wieder an. So wird es dir zur Gewohnheit und du kannst jedem deine Liebe zeigen und dich gut dabei fühlen.
Unterdrücke nichts, bleibe ehrlich dir selbst gegenüber und erinnere dich daran, dass dies ein Weg ist, um mit Mir, der Quelle von allem, in Kontakt zu treten.

Dankbarkeit

Wie Ich bereits sagte, wir sind alle Eins. Du bist ein Teil eines Ganzen und in stetem Austausch mit anderen. Richte deine Aufmerksamkeit darauf, wie du empfängst. Mache dir bewusst, wieviel du jeden Tag empfängst und beginne, dafür dankbar zu sein. Viele Menschen nehmen die Segnungen des Lebens für selbstverständlich hin und konzentrieren sich nur auf das, was ihrer Meinung nach nicht gut ist. Sei aufmerksam für alles, wofür du dankbar sein kannst und zeige deine Dankbarkeit, indem du deinen Wohlstand mit anderen teilst, die weniger glücklich sind. Dankbarkeit heißt, dir des universellen, göttlichen Segens bewusst zu sein.

Wenn du die Übungen im Geben einige Zeit praktiziert hast, wirst du merken, wie sich dein Leben verändert, wie sich dein Fokus verändert. Du wirst dir deiner Fülle bewusst, aus der heraus du geben kannst. Auch das ist ein Grund, immer wieder dankbar zu sein.

Geben und Empfangen bilden einen Kreislauf und Liebe und Dankbarkeit sind das Herz, das ihn in Bewegung hält.

Empfange alle Gaben mit Dankbarkeit. Werde völlig verteidigungsfrei, rechtfertige deine Standpunkte nicht, akzeptiere die Meinungen anderer und achte sie, wenn sie sie mit dir teilen wollen. Sieh das Göttliche in jedem und werde zu einem Teil der Heilung statt der Krankheit.
Lobe jeden in meinem Namen. Wann immer du jemanden in meinem Namen lobst, wirst auch du gelobt.
Sei dankbar für alles, was du hast und erfährst und achte nicht so sehr auf das, was du nicht hast.
Sei in deiner Stimmung unabhängig davon, was du hast oder nicht hast.

Notizen:
Wofür bist du jetzt dankbar?
Was willst du wirklich?
Was fürchtest du, nicht oder nicht genug zu bekommen?
Wie gut bist du darin, Dinge loszulassen und auf das zu achten, was du hast und erfährst?

Liebe als Wegweiser

Ich habe euch einen Kompass gegeben, mit dem ihr nach Hause finden könnt. Es ist der Kompass der Liebe und des Mitgefühls und er kann euch helfen, in diesem Spiegelkabinett des Lebens gute Entscheidungen zu treffen. Stellt euch einfach die Frage: Erfahre ich mehr Liebe, wenn ich das tue oder nicht, und ihr erhaltet die Antwort aus eurem Herzen.

Dabei ist es hilfreich, die Augen zu schließen, beide Hände aufs Herz zu legen, sich tief nach innen zu wenden und diese Frage aus tiefstem Herzensgrunde zu stellen. Die Antwort, die dann kommt, ist die richtige.
Du kannst dich nicht verlaufen, weil Ich an jeder Kreuzung Führer und Boten aufgestellt habe. Sie tauchen in vielen verschiedenen Verkleidungen auf, vielleicht als Worte, Straßennamen, Nachrichten, Bücher, Engel, Stimmen, Mitmenschen, Unterhaltungen oder als leichtes Unwohlsein wie Schwindel, Kopfschmerzen, Hitzewallungen oder dergleichen.
Ich verwende alles als Boten (Engel), und wenn du bewusst bist, wirst du die Botschaften empfangen. Wenn das nicht funktioniert, verspürst du vielleicht Schmerzen, Leiden oder durchlebst Krankheiten. Das sind dann keine Strafen, sondern Konse-

quenzen aus der Tatsache, dass du Wege gewählt hast, die dir Energie rauben.

Notizen:
Erinnerst du dich an ein Zusammentreffen von Ereignissen, das eine große Wirkung auf dich und dein Leben hatte?
Welche Ereignisse führten dazu, dass du dieses Buch in den Händen hältst?
Welche Unfälle oder leidvollen Erfahrungen führten dich dazu, dein Leben zu verändern?
Schreib ein paar dieser Erfahrungen auf.

Von der Quelle getrennt

In Meinem göttlichen Geist gibt es keine Dualität, keine Konflikte und keine Entscheidungen. Es ist nur Raum für Liebe und Mitgefühl. Wenn du dich mit Mir verbin-

dest, erkennst du jeden als ein Kind Gottes und behandelst ihn so, wie du behandelt werden möchtest.
Das Schlimmste, was einem Menschen passieren kann, ist, dass er nicht erkennt, dass er ein Teil der göttlichen Quelle ist, denn das führt zu Gefühlen von verletzt und ablehnt sein und der daraus resultierende Schmerz wird dann auf die Welt projiziert.
Wie oft hast du dir dies angetan? Du bist nicht besser als die anderen. Bestenfalls bist du ein wenig bewusster. Dies ist kein Wettbewerb, jeder erreicht das Ziel und es dauert so lange, wie es Menschen gibt.

Schau dir Menschen wie Saddam Hussein oder Präsident Bush an. Was sie eigentlich wollen, ist Liebe. Sie haben gelernt, dass sie nur Aufmerksamkeit bekommen, wenn sie provozieren und kontrollieren. Sie verlan-

gen Aufmerksamkeit, denn nach ihrem Verständnis ist Aufmerksamkeit gleich Liebe. Wünsche ihnen nicht, dass sie sich ändern sollen, sondern schicke ihnen Liebe, auf dass sie in sich selbst den Frieden finden, den die Welt so dringend braucht.
Das ist der Unterschied zwischen bedingter und bedingungsloser Liebe.

Bedingte versus bedingungslose Liebe

Um bedingungslose Liebe kennen zu lernen, musst du zunächst die bedingte Liebe verlernen. Mache dir klar, dass du derjenige bist, der als Erstes der Heilung bedarf. Wenn du dir nicht ausreichend Zeit für deine Heilung nimmst, wirst du anderen nicht wirklich dienen können. Bedingte Liebe hast du gelernt, weil deine Erzieher meinten, dass ihre Glücksgefühle von äu-

ßeren Faktoren abhängig seien. Sie haben dich dazu erzogen, die Quelle ihres Glücks zu werden. Mit dieser unerfüllbaren Aufgabe haben sie dir eine schwere Verantwortung aufgeladen. Um sie glücklich zu machen, musstest du dich selbst verleugnen. Du musstest deine Liebe zu dir selbst aufgeben, damit sich jemand anderes geliebt fühlte. Die meisten von euch haben dieser Gehirnwäsche geglaubt und ihr habt somit wiederum andere dazu erzogen, sich euch gegenüber genauso zu verhalten.
Wann hast du zuletzt gehört: »Wenn du mich wirklich liebst, dann ...«?
Du könntest das Wort Liebe dabei auch durch Worte wie Respekt, Unterstützung, Akzeptanz, Anerkennung, Wertschätzung und ähnliche ersetzen.

Notizen:
Wann ist es dir zuletzt so ergangen?

Unter welchen Umständen? Schau dir die Situation an und finde die Ursache für das Bedürfnis nach einer äußeren Quelle für ein bestimmtes Gefühl.
Erinnere dich an die Zeit deiner Kindheit und Jugend und schau dir deine Eltern und Erzieher an. Wie haben sie dich dazu erzogen, von ihrer bedingten Liebe abhängig zu sein?
Wie sehr war ihr Glücksgefühl von äußeren Faktoren abhängig? Sie verhielten sich so, wie sie von ihren Eltern erzogen worden waren. Dabei spielten Gefühle der Schuld, Scham und Minderwertigkeit meistens eine große Rolle.
Wie kannst du dies jetzt und in Zukunft ändern?
Es liegt jetzt an dir, andere aus dieser karmischen Kette zu befreien, ohne sie zu beschuldigen. Dabei spielt es keine Rolle, ob diese Menschen noch leben oder schon ge-

storben sind. Wenn du die Kette durchbrichst, befreist du beide Parteien von ihrer karmischen Schuld – und um nichts anderes geht es beim Vergeben. Der erste Schritt auf deinem Weg zur Heilung besteht darin, dass du dir selbst etwas gibst, was du noch nie zuvor erhalten hast: bedingungslose Liebe. Das zu tun ist einzig deine Aufgabe. Wenn du es nicht tust, wird es auch niemand anderes tun. Ich gehe als Beispiel voran. Ich liebe dich, ohne jegliche Bedingung, so, wie du bist. Ich liebe dich unter allen Umständen, was auch immer du von Mir halten magst. Folge diesem Beispiel.

Verliebt euch in die Liebe zu allen. Öffnet euch für die universelle Liebe ohne Anhaftungen. Das ist wahre Transzendenz.

Universelle Liebe bedeutet, die Schöpfung so zu lieben, wie Ich, Gott, sie erschaffen habe, ohne sie in gut und böse einzuteilen, in passendes und unpassendes, in solche, die eure Liebe erwidern und solche, die es nicht tun, sondern die Gesamtheit genauso zu akzeptieren, wie sie ist. Wenn du allem eine Bedeutung und einen Sinn zuschreibst, begrenzt du deine Erfahrung. Wer jedoch vom Herzen aus lebt, der zeigt, dass seine emotionale Intelligenz über alle Bedeutungszuweisungen hinausgeht.

Liebe die Menschen trotz ihrer selbst; die meisten wissen nicht, wer sie sind.
Am meisten Liebe brauchen jene, die sie am heftigsten zurückweisen.
Liebe, ohne Gegenleistungen zu erwarten.
Das ist bedingungslose Liebe, jene himmlische Liebe, die euch mit Mir verbindet.
Um euch mit Mir zu verbinden, müsst ihr begreifen, dass alle Absichten gut sind. Nicht die Absicht verursacht Schmerz, sondern das, was ihr mit der Absicht anfangt.

Notizen:
Notiere dir deine Erkenntnisse und wie du zu bedingungsloser Liebe zu dir selbst gelangen kannst.
Was könntest du tun, um deine bedingungslose Liebe zu dir selbst zu erleben?

Abhängigkeit ist keine Liebe

Gib nichts, was du nicht auch dir selbst gibst. Liebe und achte dich selbst zuerst. Liebe diejenigen, die dich manipulieren wollen, aber fühle dich nicht schuldig, weil du »nicht genug liebst«, nämlich nicht so, wie sie es wollen.
Viele Eltern manipulieren ihre Kinder, indem sie ihnen Schuldgefühle vermitteln. Viele Kinder fühlen sich schuldig und verärgert und tun trotzdem das, was ihre Eltern von ihnen erwarten. Du kannst deine

Eltern lieben, auch ohne dich von ihnen manipulieren zu lassen. Ihre Anschuldigungen sind Ausdruck ihrer Konditionierungen und ihres Schmerzes. Bete für sie, zeige Mitgefühl und sei geduldig. Vergib ihnen und gib so viel du kannst, gib von Herzen und fühle dich nicht schuldig. Stoße sie nicht zurück, auch wenn sie dich anklagen, dass du sie nicht liebst. Unterstütze sie immer weiter mit deiner Liebe und zeige ihnen deine Liebe, ohne dich von ihrem Schmerz beeinflussen und manipulieren zu lassen.

Schreib auf, wie du deine Beziehung zu deinen Eltern siehst und was du mit dieser Lektion anfangen kannst. Wisse, dass es an dir liegt, diese karmische Kette zu durchbrechen, die Vergangenheit loszulassen und in die Gegenwart zurückzukehren.

Tu nie etwas für jemand anderen, was derjenige selbst tun könnte. Das erzeugt nur Abhängigkeit und keine Entwicklung.
Schreib auf, was du für andere tust, um es ihnen leichter zu machen.
Wie willst du das in Zukunft handhaben?
Wenn du diese Menschen wirklich liebst, dann gib ihnen die Gelegenheit, ihren eigenen Weg zu finden. Sei darauf gefasst, dass diese Menschen es anfangs missverstehen werden. Sie werden sich wahrscheinlich gegen dich wenden, weil sie sich von dir im Stich gelassen fühlen. Bleibe ihnen liebevoll zugewandt und erkläre ihnen, warum du dich jetzt anders verhältst.
Lass niemanden etwas für dich tun, was eigentlich deine Aufgabe ist.
Lass auch keinen anderen Menschen zur Grundlage deines Glücks werden.

Integration, Transformation, Transzendenz

In der Erfahrung des Mensch-Seins geht es um Integration, Transformation und Transzendenz. Wenn Körper, Verstand und Geist miteinander integriert sind, wirken sie als Eins zusammen.

Der Geist sollte dabei die Führungsrolle übernehmen, denn er ist die höchste Existenzform. Wenn Körper oder Verstand dominieren, bist du nicht, sondern du tust oder du hast etwas.

Wenn das Sein an erster Stelle steht, brauchst du nichts mehr zu tun oder zu haben, denn du bist bereits das, was du werden willst.

Es ist ein höchst spannendes Rätsel, warum für die meisten Menschen genau das Gegenteil zutrifft. Sie wollen etwas, was nicht in ihrer Reichweite liegt und verbinden damit ein bestimmtes Gefühl, einen Seinszustand. Die meisten Menschen entdecken jedoch irgendwann, dass alle von äußeren Quellen abhängigen Gefühle vergänglich sind, dass sie ein Teil der Illusion sind, die ihr Projektion nennt.

Transformation ist die Umsetzung eurer spirituellen und physischen Bedürfnisse in Erfahrungen, die die Seele nähren, statt weiter Illusionen hinterher zu jagen.

Ich rate euch daher, nach der eigentlichen Absicht des jeweiligen Bedürfnisses zu suchen und jenen verwundeten Teil des Geistes zu heilen, den ihr Seele nennt. Ihre Verwundung rührt aus eurem Vergessen eures wahren Seins. In dem Prozess der Transformation heilt ihr diese Amnesie und transformiert das Bedürfnis.

Das Bedürfnis nach Anerkennung stammt zum Beispiel aus der Überzeugung, nicht

gut genug zu sein. Die habt ihr von euren Eltern, Großeltern etc. übernommen.
Es ist eine miasmische Idee. Miasma bedeutet Unreinheit (in diesem Fall der Seele). Wer das begreift und sich von Anerkennung unabhängig macht, kann auch Menschen schätzen, die anderer Meinung sind. Er kann erkennen, wie sie ihre eigenen miasmischen Ideen projizieren und kann sie in ihrem Transformationsprozess unterstützen.
Transzendenz entsteht, wenn ihr euch bewusst werdet, dass die nichtmateriellen Dinge die wahrhaft wichtigen sind. Materie ist die ultimative Illusion und völlig unwichtig. Das einzig Wichtige ist die Quelle aller Materie, die liebende Energie der Schöpfung. Wenn ihr über die Illusion der Materie hinauswachst, könnt ihr euch an ihr erfreuen, ohne ihr zu verfallen und ihr könnt euch Dingen widmen, die wirk-

lich wichtig sind, zum Beispiel universelle Liebe kennen zu lernen, also Mitgefühl. Mitgefühl ist die Quelle von allem. Die Suche nach Vollkommenheit ist die Bestätigung der Unvollkommenheit. Strebt nicht nach Vollkommenheit, denn sie ist bereits vorhanden. Ihr müsst sie nur bemerken, in euch selbst und in anderen.

Das wird euch von der Frustration befreien, die mit dem Streben nach Vollkommenheit einhergeht. Seid einfach – alles ist perfekt. Durch das Sein erfahrt ihr die Situationen, die ihr erschaffen habt, auf sinnvollere Weise und habt außerdem noch genug Energie und Willenskraft übrig, um auf eure Erfahrungen Einfluss zu nehmen.

Wenn ihr in bestimmten Gedankenmustern stecken bleibt, beschränkt ihr euch auf die Dinge, die ihr bereits erfahren habt und werdet zu einem Produkt eurer Vergangenheit.

Du bist das Zentrum der Transformation. Dein Name steht für Transformation. Existenz bedeutet Veränderung. Mensch-Sein bewirkt Transformation. Jedes Mal, wenn du atmest oder denkst, transformierst du dich.

Du bist Transformation

Es gibt nur vorübergehende Augenblicke eingebildeter Sicherheit. Wahre Sicherheit liegt darin, Veränderungen als Lebensstil willkommen zu heißen. Transformation ist Leben, es ist also sinnvoll, sicherzustellen, dass du dich transformierst. Schau den Transformationen freudig entgegen und schenke den Menschen ein Lächeln, die ihre Meinung ändern. Beglückwünsche sie, denn sie erbringen damit den Beweis für ihre Entwicklung. Wer seine Gedanken ändert, heilt seine Seele und bleibt nicht in

der Vergangenheit stecken, sondern springt offenen Herzens in seine Erfahrungen, in dem Wissen, dass ihn niemand verletzen kann. Schmerz ist nur das Erwachen von etwas, das geheilt werden möchte. Solange ihr in der Vergangenheit lebt und eure spirituellen Rechte ignoriert, ist keine freie Entscheidung möglich. In der Vergangenheit kommt alles Wachstum zum Erliegen. Die Vergangenheit stirbt, um den nächsten Augenblick zu gebären. Wer das Sterben zur Meisterschaft entwickelt, der kann in der Gegenwart des Lebens bleiben.
Lebt ohne Angst, denn ihr seid unsterblich.

Notizen:
Schreib auf, wie du Transformation vermeidest und was du tun kannst, um diese Veränderungsprozesse zu genießen.
Die meisten Menschen streben nach

Sicherheit, indem sie versuchen Veränderung zu vermeiden. Wie ist das bei dir?

Wer du bist und nicht bist

Ihr seid Teil eines großen Experiments, durch welches Ich, Gott, Mich selbst auf neuen Wegen wiedererfahren kann. Alles, was ihr tut und erfahrt, ist Teil dieses Experiments. Ihr könnt zu jedem Zeitpunkt erzeugen, was immer ihr wollt. Was euch gefällt, gefällt auch mir. Doch um das zu tun, müsst ihr erst euch selbst richtig kennen lernen. Ihr seid so viel mehr als ihr meint. Eure Aufgabe im Leben ist herauszufinden, wer ihr wirklich seid, indem ihr mit euch selbst neu in Verbindung tretet. Dann könnt ihr zaubern und Wunder vollbringen. Doch nur, wenn ihr bereit seid, eure begrenzenden Gedanken und Über-

zeugungen loszulassen. Ich habe Henry Ford zu folgenden Worten inspiriert: »Wenn du etwas für wahr oder unwahr hältst, hast du immer recht.« Mensch sein bedeutet, die Bedeutung des menschlichen Daseins in seiner ganzen Tiefe auszuloten und zu erleben.
Jede Kategorie, in die du dich packst, ist eine Einschränkung.

Notizen:
Beschreibe deine beschränkenden Gedanken über dich selbst, die Kategorien, in die du dich packst, zum Beispiel: »Ich bin Arzt« oder »Ich bin Angestellter«.
Was für eine unbeschränkte Kategorie könntest du für dich erzeugen?

Stille

Nur in Stille kannst du in Kontakt mit deiner Seele kommen und herausfinden, welche Teile von dir der Heilung bedürfen.
Dazu musst du zunächst beobachten, was geschieht, wenn du nichts tust und dich einfach dem Sein hingibst.
In der Stille verbindest du dich zunächst mit dir selbst und dann mit dem Göttlichen, also mit Mir.
Stille kann entstehen, wenn du dich in Meditation auf den Atem konzentrierst. Auch anderen zuzuhören und im Jetzt zu verweilen ist ein Prozess der Heilung. Dabei kannst du durch Selbstbeobachtung und ein Bewusstwerden deiner Gefühle erkennen, welche Teile von dir der Heilung bedürfen. Gutes Beobachten und Zuhören beschleunigt den Heilungsprozess.
Nimmst du dir regelmäßig Zeit für Augen-

blicke der Stille, um mit dir selbst Kontakt aufzunehmen? Wenn du das nicht mindestens fünf bis zehn Minuten am Tag tust, so solltest du jetzt damit anfangen. Es hilft dir, mit Mir in Verbindung zu treten und mehr von dir selbst und deinen heilungsbedürftigen Teilen zu erfahren. Es gibt viele Möglichkeiten Stille und den Kontakt zu Mir zu finden. Meditation, Yoga, Tai Chi, Chi Gong, Gebet, Zen, Mantren, Dichtung oder inspirierende Bücher sind nur ein paar davon. Finde die Methode heraus, die dir derzeit am besten hilft und praktiziere sie regelmäßig.

Danke, dass du Meine Website besucht hast. Du kannst dich, so oft du willst, wieder einloggen – du wirst jedes Mal neue Informationen finden und die Lektionen werden immer anders ausfallen. Und erinnere dich daran: Übung macht den Meister!

Sei gesegnet und finde Frieden in deinem Herzen.

In Ewigkeit
der größte Freund
der Menschheit,
Gott

Auf Gottes Homepage haben wir von verschiedenen Methoden, zur Stille und zum Kontakt mit Gott zu kommen gelesen. Auf den folgenden Seiten werde ich einige dieser Methoden genauer beschreiben.

Inspirierende Worte

Mutter Theresa war für mich, Roy Michael, eine große Quelle der Inspiration. Folgende Worte hat sie uns anvertraut, bevor sie uns verließ.
Tut es trotzdem.

Die Menschen sind oft unvernünftig, unlogisch und selbstsüchtig.
Vergebt ihnen trotzdem.

Wenn ihr freundlich seid, werfen euch manche Leute selbstsüchtige Motive vor.
Seid trotzdem freundlich.

Wenn ihr erfolgreich seid, bringt euch das manchmal falsche Freunde und echte Feinde ein.
Seid trotzdem erfolgreich.

Wenn ihr offen und ehrlich seid, versuchen manche Leute, euch auszunutzen.
Seid trotzdem offen und ehrlich.

Was ihr über Jahre hinweg aufgebaut habt, kann von anderen in kürzester Zeit zerstört werden.
Baut trotzdem weiter.

Wenn ihr gelassen und friedvoll seid, wird es immer irgendjemanden geben, der neidisch ist.
Seid trotzdem glücklich.

Was ihr heute Gutes tut, ist morgen vielleicht schon vergessen.
Tut trotzdem Gutes.

Auch wenn ihr der Welt euer Bestes gebt, ist es eventuell nicht genug.
Gebt trotzdem euer Bestes.

Wie ihr seht, geht es letztendlich um Gott und euch selbst.
Es ging nie um die anderen.

Mutter Theresa

Martin Luther King, Gandhi und Nelson Mandela, diese Menschen haben mich inspiriert, über mich selbst hinauszuwachsen.
Sie haben mich inspiriert, mich ohne Bedingungen für die Liebe zu entscheiden und weiter an das Gute zu glauben.
Sie haben mich inspiriert, nie aufzugeben und immer weiter zu kämpfen, selbst wenn sich alle gegen mich wenden. Sie haben mich inspiriert, besser mit den Menschen umzugehen, die meinen, ich täte all dies nur um des Profits willen und dächte nur an mich selbst.

Sie haben mich gelehrt, dass ich viel mehr tun kann als ich glaube.
Deswegen möchte ich ein paar wunderbare Zeilen von Marianne Williamson zitieren, die auf der Präsidentschaftsfeier von Nelson Mandela vorgetragen wurden.

Du bist ein Kind Gottes…Unsere größte Angst ist nicht, dass wir nicht genügen. Unsere größte Angst ist, dass wir unermesslich mächtig sind. Wir fürchten unser Licht, nicht unsere Dunkelheit. Wir fragen uns: Wer bin ich, dass ich brillant, großartig, begabt und wunderbar sein könnte? Doch die Frage lautet: Wer bist du, dass du es nicht sein kannst?

Du bist ein Kind Gottes

Es hilft der Welt nicht, wenn du dich klein machst. Es ist nicht besonders erleuchtet, sich klein zu machen, um andere nicht zu verunsichern. Wir sollen alle strahlen, so wie Kinder. Wir wurden geboren, um die in uns vorhandene Herrlichkeit Gottes zu manifestieren. Die Herrlichkeit Gottes lebt nicht nur in einigen von uns, sondern in jedem. Wenn wir unser eigenes Licht erstrahlen lassen, erlauben wir damit unbewusst anderen Menschen das Gleiche zu tun. Wenn wir uns von unserer Angst befreien, befreit unsere Gegenwart automatisch auch andere…«

Wege zu Gott

In den Vereinigten Staaten wurde in einer Umfrage erkundet, was die Menschen Gott oder die Schöpfungskraft gerne fragen würden, wenn sie eine direkte Antwort erhalten könnten.
Folgende Fragen wurden genannt:

34% : Warum bin ich hier? Was ist meine Aufgabe auf Erden?
19% : Gibt es ein Leben nach dem Tod?
16% : Warum geschehen schreckliche Dinge?
12% : Wussten keine Frage.
7% : Gibt es noch andere intelligente Lebensformen außerhalb der Erde?
6% : Wie lang werde ich leben?
6% : Hatten eine Vielfalt anderer Fragen.

Oft wird gefragt: »Wie kann ich eine enge Beziehung zu Gott bekommen?«
Ich bin genauso wenig autorisiert wie sonst irgendjemand, um anderer Leute Weg zu Gott zu definieren und ich glaube auch nicht, dass es auf diese Frage eine einfache Antwort gibt.

Das Sprichwort: »Viele Wege führen nach Rom« passt auch zu diesem Thema. Die Antwort hat viel mit dem zu tun, was ein gutes Gefühl gibt. Ich habe alles Mögliche ausprobiert, bevor ich das fand, was zu mir passt und für mich immer funktioniert.

Beten
Für einige Menschen ist es das Gebet. Es kann sehr tröstlich sein, sich erhört zu fühlen und es wird besonders interessant, wenn man anfängt, auf die Zeichen zu achten und Antworten zu erhalten.

In Bezug auf spezifische Fragen können Sie mit Hilfe von Instrumenten wie Tarot, Engelkarten, I Ging und Ähnlichem Einblicke in Ihren tiefsten Wesenskern erhalten.

Doch manche Menschen können mit dem Beten nichts anfangen. Sie fühlen sich dabei nicht in Kontakt und daher nicht wohl.

Meditation

Andere kommen durch Meditation in Kontakt mit Gott. Viele Menschen meinen, nicht meditieren zu können und werden bei dem Versuch nur frustriert, weil sie glauben, dass der Geist vollkommen zur Ruhe kommen müsse. Das schafft niemand. Wir haben ungefähr sechzigtausend Gedanken pro Tag und es ist sehr schwierig, sie anzuhalten.
Die folgende Meditation habe ich dem

Newsletter »The Messengers« von Nick Bunick entnommen:

»Suchen Sie sich einen ruhigen Platz und entspannen Sie sich in einer bequemen Haltung. Das kann liegend oder sitzend sein. Schließen Sie Ihre Augen und schauen Sie so auf den Punkt zwischen Ihren Augenbrauen, das so genannte Dritte Auge oder sechste Chakra. Halten Sie während der ganzen Meditation Ihren Blick darauf und bringen Sie Ihre Aufmerksamkeit jetzt zu Ihrem Atem.
Atmen Sie ruhig und tief, achten Sie darauf, wie Ihr Körper atmet und lauschen Sie auf die Geräusche, die er dabei macht.

Sprechen Sie jetzt ein einfaches Mantra wie ‚Ooohmmmmm' oder ‚Aaaahhhhhhh'. Schauen Sie dabei weiterhin auf Ihr Drittes Auge, lauschen Sie auf Ihren Atem und achten Sie darauf, wie Ihr Körper atmet. All dies wird Sie rasch in einen meditativen Zustand versetzen und Sie werden ruhig werden.«

Versuchen Sie es einmal und finden Sie heraus, ob es nützlich für Sie ist.
Wieder andere können besser in Bewegung meditieren. Ich praktiziere eine chinesische Bewegungsmeditation, Chi Neng, eine Art von Chi Gong. Sie ist so einfach, dass man sie von einem Video erlernen kann.

Lesen
Man kann auch inspirierende Bücher lesen, zum Beispiel »Gespräche mit Gott« von Neale Walsch oder Bücher von Deepak Chopra, Wayne Dyer, James Redfield und anderen. Auch die Bibel könnte dazu gehören, doch ich finde sie etwas überholt und aktualisierungsbedürftig.

Der wichtigste Weg ist jedoch, Gott in Ihrem Leben zu erfahren, indem Sie ihn in der Natur, den Tieren und Ihren Mitmenschen erkennen. Wenden Sie das an, was auf Gottes Website steht und handeln Sie dementsprechend – bedingungslos liebend, vergebend, freundlich, gütig, loyal und aufrichtig. Wenn Sie Gott von innen aus sich heraustreten lassen anstatt im Außen nach ihm zu suchen, werden Sie das Schönste erleben, was es gibt. Gott ist Teil von uns allen. Indem wir das anerkennen und uns mit Gott verbinden und dabei alles loslassen, was uns zurückhält, werden wir Eins mit Gott und dadurch der ganzen Schöpfung.

Unser Ego, unsere stagnierende emotionale Entwicklung, besteht aus all den Ängsten und Versuchen, die uns zurückhalten und unseren Glauben an den Mangel stärken. Unser Ego bewirkt, dass wir uns besser

fühlen als andere und stolz oder hochmütig werden. Gott in uns ist demütig und dienend. Während Gott in uns sich an den Erfolgen der anderen freut, ist unser Ego eifersüchtig und missgünstig. Es klammert sich an das Materielle, an Wut, Rache, Angst und Teilnahmslosigkeit, während unser göttlicher Kern nach Selbstlosigkeit, Vergebung, Wohltätigkeit, Mitgefühl und Anteilnahme strebt.
Gelingt es uns, diese göttlichen Prinzipien zu verwirklichen, sind wir nicht mehr Sklaven unseres Ego, dann lassen wir es für uns arbeiten und heilen es. So meistern wir unser göttliches Selbst und entdecken, was wir in uns haben. Unser göttlicher Kern ist nicht außerhalb von uns, sondern tief in unserem Wesen.

»Ich werde von Gott geführt und nicht von meinem Ego« sollten wir zu unserem

Leitspruch machen, dann werden wir wieder unbefangen wie ein Kind. Ich will Ihnen erzählen, was ich einmal gehört habe: *Eine Mutter ging einmal in das Zimmer ihrer sechs Jahre alten Tochter, die gerade ein Bild malte. »Was malst du da?«, fragte sie neugierig. »Ich male Gott!«, antwortete das Kind begeistert. »Das geht doch nicht«, antwortete die Mutter. »Niemand hat ihn je gesehen!« »Das stimmt«, meinte das Kind ungerührt. »Du musst eben warten, bis ich fertig bin!«*

Könnten wir doch alle zu dieser Unbefangenheit zurückkehren!

Beten und Engel

Beten heißt, sich in Einklang bringen. Manche Menschen beten mehrfach am Tag, andere ab und zu, wieder andere nur, wenn sie in Not sind und manche nie. Manche Menschen machen ihr Leben zum Gebet, weil sie in Einklang mit Gott leben und sie vor Dankbarkeit überfließen. Ich selbst bete so oft wie möglich, um Gott und seiner Schöpfung für die Nahrung, das Wasser und die Natur zu danken. Ich bin dankbar für alles Gute, das ich sehe, höre und schmecke und ich bewundere alles. Leider bin ich nicht immer im Einklang und ab und zu verfalle ich in alte Muster und nehme alles als selbstverständlich hin. Glücklicherweise geschieht dann immer irgendetwas, um mich zu erinnern. Meine

Kinder beten vor jeder Mahlzeit und das erinnert mich an all die Dinge, für die ich dankbar sein kann und ich danke Gott für meine Gesundheit, die Gesundheit meiner Kinder, mein Glück, meine Begabungen etc.

Die folgende Botschaft kann Ihnen vielleicht beim Beten helfen. Ich habe sie im Juni 1999 durch den Cyberspace erhalten. Der ursprüngliche Absender ist unbekannt.

Botschaft an alle, die an Mich glauben:

Betreff: Lebensprobleme

Guten Morgen, Ich bin Gott
Heute werde Ich Mich um eure Probleme kümmern. Ihr wisst ja, Ich brauche keine

Hilfe. Wenn der Teufel oder sonst jemand eine Situation erschafft, mit der ihr nicht fertig werdet, versucht nicht, das Problem zu lösen. Legt es einfach in die EFJ-Ablage (Etwas für Jesus). Meinem Zeitplan entsprechend werde Ich Mich darum kümmern. Sobald die Situation in der EFJ-Ablage ist, haltet euch nicht mehr damit auf, legt euch das Problem nicht wieder vor, sondern lasst es los. Sonst verlangsamt sich der Lösungsprozess nur.

Wenn es sich um eine Situation handelt, mit der ihr meint, selbst fertig werden zu können, beratet euch bitte mit Mir im Gebet darüber, um ganz sicher zu gehen. Ich schlafe nicht, Ich mache auch keine Pausen, ihr braucht euch wegen dieser Sache also nicht um den Schlaf zu bringen.

Ruht, Meine Kinder, Ich bin nur ein Gebet weit weg, falls ihr Mich braucht.

Bis bald,

Gott

P.S.1 :Es gibt zwei Dinge, über die ihr euch nie zu sorgen braucht. 1. Dinge, die ihr nicht ändern könnt. Wenn ihr sie nicht ändern könnt, ist das Sorgen Energieverschwendung und daher »Sünde«. Legt sie in die EFJ-Ablage. 2. Sorgt euch nicht über die Dinge, die ihr ändern könnt. Wenn ihr sie ändern könnt, ist eure Energie sehr viel sinnvoller für entsprechende Taten eingesetzt. Außerdem wisst ihr genauso gut wie ich, dass in neun von zehn Fällen das Sich-Sorgen die Angelegenheit eher verschlimmert. Tut sie lieber dorthin, wo sie hingehört: Raus aus eurem Leben und in die EFJ-Ablage.

P.S. 2 : Die Leute werden vergessen, was ihr gesagt habt und sie werden vergessen, was ihr getan habt. Aber sie vergessen nie, welche Gefühle ihr in ihnen ausgelöst habt. Schreibt euch das ins Herz.

Im Gebet empfing ich folgende Botschaft von den Engeln.

Wer betet?

Die Frage ist nicht, wie man beten soll, sondern was die Absicht hinter dem Gebet ist. Die Absicht bestimmt, von welchem unserer Teile aus wir beten.

Beten Sie von Ihrem göttlichen Kern oder vom verwundeten inneren Kind aus, also Ihrem Ego? Wenn wir etwas von Gott wollen und aus Verzweiflung beten, spricht unser verwundetes inneres Kind. Das ist auch in Ordnung, wir müssen uns dabei allerdings bewusst sein, dass die Gebete dazu dienen sollen, zu heilen und nicht dazu, unsere Wunden offen zu halten. Wenn wir vom Ego aus beten, haben wir Erwartungen und sind abhängig von einem bestimmten Ergebnis. Diese Gebete kommen nicht vom Herzen, sondern aus Bedürftigkeit und daher aus unserer Angst. Gott sorgt dafür, dass wir auf unserem Weg Situationen erschaffen, die uns helfen zu heilen. Leider erkennen wir das oft nicht, weil wir so tief in unserer Opferhaltung stecken. Wir wollen Instant-Lösungen, ohne Raum für echte Heilung zu lassen.

Gott kann uns nur erhören, wenn unsere Herzen offen sind. Wenn wir aus unserem tiefsten, göttlichen Herzensgrunde beten, lassen wir eine Verbindung mit Gott zu und werden zu seinem Werkzeug, einem Werkzeug der Harmonie, des Friedens, der Liebe und des Mitgefühls.

Dann bitten wir Gott nicht um Hilfe, sondern um Unterstützung bei unserem Einswerden mit der göttlichen Liebe und der Entwicklung unseres Bewusstseins, damit wir auf dem rechten Weg bleiben und weiterhin Liebe geben können, auch wenn wir selbst in Not sind.

Dann brauchen wir nichts zu empfangen, sondern wollen besser darin werden, uns selbst und anderen zu geben. Das Wie ist dabei nicht so wichtig wie die Absicht, mit der wir es tun.

Dann ist es uns ein Bedürfnis zu beten, weil wir in unserem Handeln, Fühlen und Denken zu Werkzeugen Gottes werden wollen. Dann beten wir aus Dankbarkeit.

Ein kraftvolles Gebet ist es, einfach zu sagen: »Bitte hilf mir, Gott, damit ich entdecke, was ich am besten tun kann, um auf den Weg zu dir zu kommen.« Wenn ich Gott frage, was es bedeutet, mich selbst wahrhaft zu lieben, erhalte ich immer eine Antwort. Mich selbst zu lieben bedeutet, auch andere zu lieben.

Wenn wir angesichts der Hindernisse auf unserem Weg um Hilfe bitten, ein Werkzeug der Liebe und des Mitgefühls zu werden, werden wir immer erhört, doch nicht immer so, wie wir es erwarten. Wenn wir Gott in unsere Herzen einladen, erhalten wir die Lektionen, die wir brauchen. Durch unsere Geduld können wir unseren Glauben beweisen.

In dieser ganzen Angelegenheit spielen die Engel eine wichtige Rolle. Sie sind Boten des universellen Internet und kümmern sich um die Abfolge von Ereignissen, die wir Leben nennen. Sie arbeiten mit unseren persönlichen Geistführern und Schutzengeln zusammen und nennen sich »Ko-Existierer«, weil sie immer um uns sind. Es ist alles eine große Verschwörung, die zum Ziel hat, uns auf unserem Weg zur Quelle aller Liebe Geleit zu geben. Sie können die Engel und die Ko-Existierenden alles fragen, sie kennen uns durch und durch und stehen uns hundertprozentig zu Diensten. Nichts ist zu gering oder zu viel.

Die einzige Bedingung ihrer Bedingungslosigkeit ist, dass wir loslassen, nachdem wir gebeten oder gefragt haben. Wenn wir festhalten, können sie nichts für uns tun und müssen ihrerseits loslassen. Loslassen und Geduld ist erforderlich, denn auf der anderen Seite der Existenz gibt es keine Zeit. Bei jedem Gebet und jedem Wunsch, den wir ihnen senden, erinnern sie uns an das Kleingedruckte.

Es wird genau zum richtigen Zeitpunkt geschehen.
Es wird kommen, es sei denn, es gibt etwas Besseres für Dich.
Es wird kommen, wenn es im höchsten Sinne zu deinem Besten ist.
Wenn du loslässt, können wir unsere Arbeit tun.
(leicht verändert und ergänzt nach *The Messengers* von Nick Bunick)

Dienen ist Dankbarkeit

Wir leben im Überfluss, wir haben mehr als genug. Wir leben in einem Teil der Welt, der in den Augen von zwei Drittel der Weltbevölkerung als extrem reich gilt. Aber wir fühlen uns nicht reich und schauen neidisch auf andere, die mehr haben. Dadurch vergessen wir oft unseren eigenen Wohlstand und sind nicht dankbar, sondern frustriert und unglücklich. Der Begriff des Überflusses sagt es ja deutlich: Etwas ist so voll, dass es überfließt. Wenn wir uns im Überfluss lieben, kann die Liebe überfließen und zu anderen hinfließen. Das geschieht dann ganz von selbst, ohne dass wir etwas dafür tun müssten. Dann lieben wir andere ungeachtet ihres Verhaltens und können uns in ihre Lage versetzen.

Es ist eine Ehre und ein Privileg, zu dienen. Das wird oft vergessen. In Indien nennen sie den hingebungsvollen Dienst für eine höhere Quelle Seva. Es ist ein Weg, unsere Dankbarkeit für all den Segen, der uns zuteil wird, zum Ausdruck zu bringen. Auch wenn dieser Segen durch unserer eigenen Hände Arbeit und im Schweiße unseres Angesichts entstanden ist, hätte es doch auch anders ausgehen können. Wie viele Menschen verlieren ihre Gesundheit durch einen Unfall, ihr Heim durch eine Naturkatastrophe oder ihren Arbeitsplatz, ihr Einkommen etc., ohne dass sie jemandem etwas angetan hätten. Manche hatten einfach das Unglück, in ein Umfeld hineingeboren worden zu sein, in dem es kaum möglich ist, zur Schule zu gehen. Andere kamen mit einer Behinderung zur Welt oder als Kind gewalttätiger Eltern. In dieser Welt kann

so viel schief gehen, dass es ein Wunder ist, dass so viel gut geht.
Wenn wir erkennen, wieviel Glück wir in diesem russischen Roulette des Lebens haben, können wir anderen dienen, die weniger Glück haben als wir. Wenn wir unseren Überfluss mit ihnen teilen, geben wir Gott etwas zurück.
Dienen ist eine Art, einem anderen unsere Liebe und unsere Empathie zu zeigen. Wenn wir als Gesellschaft Gott in unser Herz lassen, entsteht Mitgefühl. Das Geben wird zunehmend leichter, wenn wir aus tiefstem Herzensgrunde erkennen, dass wir, indem wir mit anderen teilen und ihnen geben, Gott und damit uns selbst geben.

Geben ist Empfangen

Jeder Mitmensch ist auch Gott, der gleiche, göttliche Kern, den wir in uns selbst tragen. Wir sind aus dem gleichen Holz geschnitzt, wir sind alle Brüder und Schwestern.

Das Dienen kann alle möglichen Formen annehmen. Im Dienen machen wir den Engeln die Arbeit leichter und verkörpern sie. Wir werden zu Boten Gottes. Einem hilfsbedürftigen Menschen über die Straße zu helfen kann ein Dienst sein oder die Unterstützung der eigenen, alten Eltern genauso wie das Weitergeben von Erfahrung an die nächste Generation, dem Nachbarn zu helfen, sein Dach zu reparieren, notleidenden Menschen Geld, Nahrungsmittel oder Kleidung zu spenden, freiwillige Hilfe in Krankenhäusern oder Altersheimen, ein freundliches Wort

für einen Fremden oder ein guter Rat für jemanden, der nicht weiter weiß, all das kann Dienen sein.
Beginnen Sie mit kleinen Dingen. Achten Sie darauf, wie Sie anderen helfen können. Wen gibt es in Ihrer Nachbarschaft, der Hilfe brauchen könnte? Überraschen Sie jemanden mit Ihrer Aufmerksamkeit.
Wenn Sie bereits ein wenig Übung haben, können Sie auch darüber nachdenken, wie Sie sich selbst etwas geben können.
Wenn Sie mitfühlend geben und dienen, haben Sie selbst genauso viel davon wie der andere.

Karma, Dharma, Fluss, Sinniges und Unsinniges

Vieles ist über Karma gesagt worden und vieles nicht. Hier sind ein paar, möglicherweise neue Erkenntnisse.

Karma

Im Lexikon steht, dass Karma das Schicksal einer Person ist, welches sich aus der Summe ihrer Taten aus vergangenen Leben ergibt.

Es ist das, was im Universum geschieht, wenn Sie sich selbst oder jemand anderes lieblos behandeln.

Karma ist Erinnerung, die nur ausgelöscht werden kann, wenn wir aus Selbstliebe und Liebe zu anderen heraus leben. Wenn sich dann die gleiche Situation wieder ereig-

net, handeln Sie anders, nämlich von Ihrem göttlichen Kern aus. Der Geist wird so lange Situationen für Sie kreieren, bis Sie so leben.
Karma bedeutet einfach, eine Lektion immer und immer wieder vorgesetzt zu bekommen, bis man erkennt, dass es schneller geht, wenn man in der Liebe bleibt.

Dharma
Dharma ist der Weg, den wir gehen, wenn wir uns selbst lieben. Wer sich selbst im Überfluss gibt, Liebe erfährt und andere an seinen Begabungen teilhaben lässt, der wird wahrscheinlich kaum neues Karma erzeugen.

Fluss
Wenn wir ohne Karma den Weg des Dharma gehen, sind wir im Fluss. Wir erleben dann mühelos Mitgefühl, Liebe und Eksta-

se und alles scheint in vollkommener Harmonie und Synchronizität zu sein, ohne Widerstände.
Fülle und Liebe werden mühelos erfahren, genauso wie Harmonie, Zeitlosigkeit, Wohlstand, Glück, Unendlichkeit, Kreativität, Integration, völlige Offenheit und Aufrichtigkeit.

Sinniges und Unsinniges

Alles, was Ihrer Meinung nach Unsinn ist, ergibt für jemanden anderes einen Sinn und alles, was Sie für sinnvoll halten, ist für jemanden anderes unsinnig. Leben Sie mit der Haltung, dass alles einen Sinn ergibt, wenn nicht für Sie, dann für jemanden anderes. Wenn Sie diesen Unsinn schon einmal gehört haben, dann wird es Zeit, dass Sie seinen Sinn erkennen, denn zu guter Letzt ergibt alles Unsinnige einen Sinn.

Bewusstheit ist die einzige Lektion

Viele Menschen betrachten Situationen, Leid, Probleme, Krankheiten und dergleichen als Lektionen, die entweder über sie hereinbrechen, die sie anziehen, oder die sie selbst erzeugt haben.

Aus dieser dritten Perspektive heraus ist Karma das, was im Universum ausgelöst wird, wenn Sie sich selbst oder andere lieblos behandeln.

Wieviele Leben Sie auch immer leben mögen, es werden Ihnen die gleichen Dinge widerfahren, bis Sie die Lektion gelernt haben (das gilt übrigens auch, wenn Sie sie angezogen oder erschaffen haben). Die Lektion besteht darin, dass Sie sich der Ursache all dieser Situationen, Leiden, Probleme, Krankheiten etc. bewusst werden,

nämlich des lieblosen Umgangs mit sich selbst und anderen. Mit anderen Worten: Es ist egal, um was es geht, die Antwort lautet immer: bedingungslose Liebe.
Natürlich ist das zunächst nicht einfach. Es gibt Augenblicke in meinem Leben, da ist mir alles egal. Wenn ich zum Beispiel ungerecht behandelt werde, tut das weh und ich werde wütend, besonders, wenn ich völlig unschuldig bin.
Im Jahre 1986 ging ich zum Beispiel nach Los Angeles, um ein Unternehmen aufzubauen. Ich hatte einen bettelarmen Geschäftspartner gefunden und investierte mein gesamtes Vermögen in die Firma, 600.000 Gulden. Das Geschäft lief gut, bis mein Partner Ron eines Tages beschloss, dass er mich nicht mehr nötig hatte. Er fälschte die Papiere, um sich zum mehrheitlichen Teilhaber zu machen, entließ mich auf der Stelle und erhob Klage ge-

gen mich, weil ich Betriebsgeheimnisse an die Konkurrenz weitergegeben hätte. Das war kompletter Unsinn. Ich war außer mir vor Wut. Ich hatte für Ron alles ausgelegt und ihn ein halbes Jahr lang bezahlt und jetzt tat er mir so etwas an. Ich fand bei einem Freund eine andere Arbeit und ging zu einer Gegenklage über, die mich mein gesamtes Einkommen kostete. Ich war wütend und frustriert und hätte Ron an die Gurgel springen können. Es klappte aber nicht. Ron konnte die Firma behalten. Ich dachte, ich hätte meine Lektion gelernt und arbeitete für jemanden anderes. Dort war ich allerdings nicht angestellt, sondern nur externer Berater und Entwickler von neuen Heilmitteln. Alles ging gut, ich erhielt immer mehr Gewinnanteile und brauchte mir keine Sorgen zu machen. In den Niederlanden und in Italien tat ich das Gleiche und alles lief glatt. Eines Tages wurde mir jedoch klar, dass ich über keinerlei Einfluss verfügte.

1995 beschloss ich, meinen eigenen Betrieb aufzumachen: Martina Medical Research. Jetzt konnte ich alles so machen, wie ich wollte. Auch diesmal ging alles schief. Ich verlor mehr als eine viertel Million von meinem eigenen Geld und mehr als eine Million durch Gewinnanteile, die ich nie erhielt. Ein Geschäftspartner übernahm alles und ich stand wieder ohne Firma da. Und es folgten noch mehr Probleme. Ich hatte meine Lektion offenbar immer noch nicht gelernt.

Nach vielen NEI-Sitzungen (siehe »Emotionale Balance« von Roy Martina) wurde mir klar, dass ich zu nett und zu vertrauensvoll war und nicht genug Einfluss auf die Situationen nahm. Ich hörte nicht auf

meine Intuition und ließ mich von neuen, faszinierenden Ideen blenden statt die Dinge gelassen anzugehen.
Ich habe gelernt, dass es Liebe ist, dafür zu sorgen, dass die richtigen Menschen auf der richtigen Position sitzen und dass ich jemandem, der nicht optimal funktioniert, nicht auf meine Kosten immer neue Chancen geben sollte.
Ich habe gelernt, dass ich viel früher eingreifen und die Menschen auf liebevolle Weise mit den Dingen konfrontieren muss, mit denen ich nicht einverstanden bin und dass ich so etwas nicht mit dem Mantel der Liebe zudecken kann. Das ist nämlich keine Liebe, das ist Feigheit und das Vermeiden schmerzhafter Konfrontationen.
Ich habe gelernt, dass in der Geschäftswelt viele Haie herumschwimmen und dass ich deshalb zum Orca werden muss. Der Orca wird auch Killerwal genannt und ist kein

einsamer Delphin, der unter Haien keine Chance hat.
Ich habe gelernt, dass Menschen auch nur Menschen sind und dass sie viel Ballast mit sich herumschleppen. Ich muss also wachsam und auf meinem Kurs bleiben.
Das Wichtigste dabei ist, dass ich all das schon wusste, aber dass ich nicht den Mut hatte, es umzusetzen. Ich weiß jetzt, dass ich bereit bin auch auf höchsten Ebenen mitzuspielen. Ich folge jetzt meinem Herzen.

Welche Lektionen müssen Sie in Ihrem Leben lernen? Betrachten Sie sie und transformieren Sie Ihr Unbewusstes in Bewusstheit, oder anders gesagt: Übersetzen Sie das, was Ihnen nicht bewusst ist in etwas, was Ihnen bewusst ist. Lesen Sie nicht weiter, ohne dies getan zu haben.

Die verlorenen Zehn Gebote

I Du sollst dich nicht sorgen, denn Besorgnis ist die unproduktivste menschliche Tätigkeit, die es gibt.

II Du sollst dich nicht fürchten, denn die meisten Dinge, die du fürchtest, ereignen sich ohnehin nie.

III Du sollst keine Brücke überqueren, bevor du sie erreichst, denn niemand hat das je geschafft.

IV Du sollst mit einem Problem nur umgehen, wenn es da ist. Du kannst immer nur ein Problem nach dem anderen bewältigen.

V Du sollst deine Probleme nicht mit ins Bett nehmen; sie sind keine guten Bettgenossen.

VI Du sollst anderen nicht ihre Probleme abnehmen. Sie können selbst besser damit umgehen.

VII Du sollst nicht versuchen, die Vergangenheit neu aufleben zu lassen. Egal ob sie gut oder schlecht war, sie ist für immer vorbei. Du sollst dich auf das konzentrieren, was jetzt geschieht und jetzt glücklich sein.

VIII Du sollst gut zuhören, denn nur, wenn du zuhörst, wirst du von Ideen erfahren, die sich von deinen unterscheiden. Es ist sehr schwierig, etwas Neues zu lernen, wenn du selbst sprichst, und andere wissen mehr als du. Strebe nicht danach, interessant zu sein, sondern sei interessiert.

IX Du sollst dich nicht an Frustrationen klammern, denn hinter neunzig Prozent aller Frustrationen steht Selbstmitleid. Sie behindern positives Handeln.

X Du sollst dir der Segnungen bewusst sein, die dir zuteil werden, und auch die kleinen dabei nicht vergessen, denn aus vielen kleinen wird eine große.

Von Barbara McCoy-Voote (via Internet)

Freundschaft ist innerer Frieden

Freundschaft ist die Möglichkeit, miteinander zu kommunizieren, ohne zu reden.

Freundschaft ist zu wissen, was los ist, ohne selbst anwesend zu sein, einfach weil man es fühlt.

Freundschaft ist zu wissen, was gesagt wird, selbst wenn man es nicht hören kann.

Freundschaft ist, wenn einem schon beim bloßen Gedanken an eine Person warm ums Herz wird.

Freundschaft ist das warme Gefühl, nie allein zu sein.

Freundschaft ist zu wissen, dass, was auch immer geschieht, es eine Möglichkeit geben wird, die Zeit anzuhalten und Kontakt miteinander aufzunehmen.

Freundschaft ist, wenn man in Gedanken an diesen Menschen lachen kann und sich tief bewusst ist, wie sehr man ihn schätzt. Das ist wahre Freundschaft.

Gesendet von Sonrisca Rodriques-Pereira

Transformation: Fluch oder Selbstverständlichkeit?

Jeden Tag erhalten wir eine neue Möglichkeit, uns zu rekreieren.
Es gibt heutzutage nur Eines, was im Leben garantiert ist, ein Wort, welches für alles steht, was wir sind: Transformation.
Das einzig Unveränderliche ist, dass sich immer etwas verändert. Und dass das immer so sein wird, in alle Ewigkeit. Jeder Tag ist ein Transformationsprozess. Alles wird sich ändern. Die Zellen in unserem Körper sind in ständiger Transformation. Jeden Tag verändert sich unser Leben ein bisschen, manchmal kaum merkbar, manchmal drastisch.
Das Leben ist ein Prozess der Veränderung. Lebendig zu sein heißt, zu transformieren,

mit jedem Atemzug, jedem Herzschlag und jedem Gedanken. Wir verändern uns ständig und erschaffen uns immer neu.
Von nun an können Sie sich Transformation oder TransformatorIn oder ErzeugerIn von Transformation oder RenovatorIn nennen.
Wählen Sie einen Namen, der zu Ihnen passt. Sie sind TransformatorIn und transformieren sich auch selbst. Ein besseres Wort dafür ist Evolution, manchmal auch Revolution. Gott – Leben – Freude – Transformation – Sie – alles ist das Selbe und bedeutet dasselbe.

Hier ist ein Geheimnis des Erfolgs:
Transformation kann ein Segen sein, wenn Sie sich bewusst sind, was transformiert wird. Gehen Sie mit gutem Beispiel voran und transformieren Sie schneller als Ihre Umgebung.

Wenn Sie allerdings nur Beobachter bleiben, können die Transformationsprozesse Ihres Lebens zum Fluch werden.
Erfolgreich und lebendig ist, wer sein Leben in die Hand nimmt und aktiv mit seinen Transformationsprozessen mitgeht. Menschen, die Mühe damit haben, ihren Transformationsprozessen zu folgen, weil sie zum Beispiel zu sehr an der Vergangenheit hängen, empfinden sich oft als Opfer.
Entscheiden Sie sich: Soll Transformation zu einem natürlichen Bestandteil Ihres Lebens werden oder zu einem Fluch?

Inspiriert durch einen Vortrag von Neale Walsch:
Schreiben Sie auf, in welchen Bereichen Sie Veränderungen nicht zulassen. Wissen Sie, dass das Internet heutzutage für manche der größte Segen und für andere der größte Fluch ist? Zum ersten Mal können diejenigen, die nicht reich sind, mit den Reichen konkurrieren, denn die Chancen sind für alle gleich. Sind Sie bereit dafür?

Gemeinsames Schlussgebet

Die Engel bilden die vierte Kraft und haben das folgende Gebet an Nick Bunick durchgegeben. Wenn Sie es nicht mögen, lassen Sie es einfach so stehen, vielleicht hilft es Ihnen zu einem anderen Zeitpunkt. Ich gebe es hier nur weiter.

Lieber Gott, wir wissen, dass Du unser Schöpfer bist, unser Vater und unsere Mutter. Wir lieben Dich und sind dankbar für die Gaben, die Du uns gegeben hast. Wir sind durch Deinen Segen der Unsterblichkeit geehrt, den Du mit Deinem göttlichen Funken in uns gelegt hast.

Jesus, wir wissen, dass Du der geliebte Sohn unseres Vaters, unser Bruder und unser spiritueller Führer bist. Wir lieben Dich und sind dankbar für das Beispiel, welches Du uns durch Dein Leben hier auf Erden gegeben hast.

Liebe Engel und Geistführer, wir wissen, dass ihr Gottes Boten seid und über uns wacht, uns schützt und inspiriert.

Lieber Gott, Jesus, Engel und Geistführer, wir bitten euch, vergebt uns in eurem grenzenlosen Mitgefühl unsere vergangenen Fehler und Versäumnisse, als wir nicht nach eurem Wunsch dachten, redeten und handelten. Jedes Wort und jede Tat, die anderen Leid zugefügt hat, reut uns. Wir bitten euch von ganzem Herzen und ganzer Kraft, unsere Seelen und unseren Geist mit eurem Licht und eurer Liebe zu läutern. Wir bitten demütig darum, unsere hingebungsvolle Selbstverpflichtung anzunehmen, dass wir von nun an immer in Übereinstimmung mit euren Gesetzen leben wollen und die universelle Liebe mit universellem Mitgefühl und Wahrheit annehmen.

Wir danken Dir, Gott, für die Heilung all unserer spirituellen und emotionalen Wunden und bleiben von nun an unserem Versprechen treu.

Amen.

Jeden vierten Sonntag im Monat sprechen Tausende von Menschen in aller Welt um 16.44 Uhr dieses Gebet.

Namaste: Nachwort

Namaste (Sanskrit) bedeutet: *»Ich grüße dich in jenem Zustand, in dem wir alle gleich sind.«* Damit begrüßen wir uns also von göttlichem Kern zu göttlichem Kern. Ich hoffe, dass dieses Büchlein Sie inspiriert und dass Sie es so oft lesen, bis seine Botschaft zu einem Teil Ihres Lebens geworden ist.

Erinnern Sie sich daran: Es gibt keinen richtigen Weg zu Gott. Es gibt keinen angemessenen Weg zu Gott. Es gibt keinen falschen Weg zu Gott. Durch Ihr Sein verleihen Sie Gott auf höchste Art Ausdruck. Ihr Weg ist der beste Weg für Sie, es sei denn, Sie glauben nicht daran, dann müssen Sie sich einen anderen Weg suchen.

Lesen Sie noch einmal Gottes Vorwort und seien Sie sich bewusst, dass wir alle aufgerufen sind, Wunder zu vollbringen.

Im Folgenden finden Sie einige Ratschläge aus »Ein Kurs in Wundern«.

- Der Kern unseres Seins ist Liebe.
- Innerer Frieden bedeutet Gesundheit. Heilung bedeutet alles loszulassen.
- Geben und Nehmen sind eins.
- Wir können die Vergangenheit und die Zukunft loslassen.
- Jetzt ist die einzige Zeit, die es gibt und jeder Augenblick ist zum Geben bestimmt.
- Wir können lernen, uns selbst und andere zu lieben, indem wir nicht verurteilen, sondern vergeben.

- Wir können statt Fehlern Liebe sehen.
- Wir können uns bewusst dafür entscheiden, in uns selbst zu sein, was auch immer um uns herum vor sich geht.
- Statt auf Bruchteile können wir uns auf das Leben als Ganzes konzentrieren.
- Weil das Leben ewig ist, sollten wir den Tod nicht fürchten.
- Wir können andere immer als Menschen sehen, die danach streben, entweder Liebe zu verbreiten oder Liebe anzuziehen.

Lesen Sie diesen Kurs in Wundern, wenn Sie können.
Wenn es Ihnen möglich ist, kommen Sie zu einem meiner Intensiv-Seminare. Sie werden es nicht bereuen.

Wofür Sie sich auch entscheiden mögen, ich wünsche Ihnen von ganzem Herzen Liebe, Licht und Weisheit, denn Sie haben es verdient und Sie sind es wert.

Bis bald, irgendwo in der Wirklichkeit oder im Cyberspace.

Roy Martina, Jupiter, Florida (USA)

P.S.: Zwei Gedanken, die Sie mit auf den Weg nehmen können:

- Ich entscheide mich für eine direkte und persönliche Beziehung zu Gott, jetzt und immer.

- Ich lasse jetzt meine Unfähigkeit, mich und andere als vollkommen zu erkennen, für immer los.

Machen Sie was draus. Viel Glück!

Weitere Informationen finden Sie unter

www.roymartina.com

Für eine Entscheidungsfindung können Sie auch unser Tagesorakel befragen!
Seminartermine unserer Autoren sowie deren Email-, Webadressen und Artikel finden Sie unter:

www.koha-verlag.de

Roy Martina
Chakren im Wassermann-zeitalter

Alle sprechen vom Übergang in das Wasser-mann-Zeitalter, aber was bedeutet das eigentlich für uns persönlich? Das Wichtigste ist, dass wir nicht mehr zu leiden brauchen, um spirituell zu wachsen und uns zu entwickeln. Leichtigkeit, Mühelosigkeit und Freude zeichnen unser Wachstum in der neuen Zeit aus. Dr. Roy Martina hat. in den letzten fünf Jahren insbesondere die neuen Chakren erforscht und dazu geführte Meditationen und spezielle Heilmittel entwickelt, die diese Chakren noch schneller und müheloser öffnen werden.

Paperback, 228 Seiten
€ 17,40
ISBN 3-929512-97-1

Roy Martina

Emotionale Balance

In seiner Praxis als Arzt stellte Dr. Roy Martina fest, dass vielen körperlichen, seelischen und geistigen Symptomen unaufgelöste Emotionen zugrunde liegen, die den Heilungsprozess blockieren. Die Methode der „Emotionalen Balance" basiert auf dem uralten Wissen von den feinstofflichen Energiekanälen im Menschen, die eine Schlüsselrolle bei unseren emotionalen Mustern und unserem emotionalen Verhalten spielen. Roy Martina entwickelte einfache Techniken die uns helfen, die Programmierung unserer Emotionen und unseres Verhaltens zu ändern und unsere eigene Heilungsintelligenz zu aktivieren, um so unser emotionales Gleichgewicht zu finden.

368 Seiten, gebunden

€ 21,00

ISBN 3-929512-25-4

Roy Martina

Chakra-Meditation

Auf der CD befindet sich eine geführte Meditation von Roy Martina, die er speziell zu den 13 Chakren entwickelt hat und die uns auf einer tieferen Bewusstseinsebene helfen, die Chakren zu aktivieren und in Balance zu bringen.

Die Wirkung der gesprochenen Meditationen wird verstärkt durch die Musik von Sayama, die auf den Planetentönen basiert.

Meditations-CD, 60 min, deutsch

€ 19,50

ISBN3-936862-09-5